essentials

essentials liefern aktuelles Wissen in konzentrierter Form. Die Essenz dessen, worauf es als „State-of-the-Art" in der gegenwärtigen Fachdiskussion oder in der Praxis ankommt. *essentials* informieren schnell, unkompliziert und verständlich

- als Einführung in ein aktuelles Thema aus Ihrem Fachgebiet
- als Einstieg in ein für Sie noch unbekanntes Themenfeld
- als Einblick, um zum Thema mitreden zu können

Die Bücher in elektronischer und gedruckter Form bringen das Fachwissen von Springerautor*innen kompakt zur Darstellung. Sie sind besonders für die Nutzung als eBook auf Tablet-PCs, eBook-Readern und Smartphones geeignet. *essentials* sind Wissensbausteine aus den Wirtschafts-, Sozial- und Geisteswissenschaften, aus Technik und Naturwissenschaften sowie aus Medizin, Psychologie und Gesundheitsberufen. Von renommierten Autor*innen aller Springer- Verlagsmarken.

Karin Meyer

Entscheidungsfehler bei der Personalauswahl vermeiden

Mit Ableitungen für das Debiasing

 Springer

Karin Meyer
Calw, Deutschland

ISSN 2197-6708   ISSN 2197-6716 (electronic)
essentials
ISBN 978-3-662-67835-0   ISBN 978-3-662-67836-7 (eBook)
https://doi.org/10.1007/978-3-662-67836-7

Die Deutsche Nationalbibliothek verzeichnet diese Publikation in der Deutschen Nationalbiblio-
grafie; detaillierte bibliografische Daten sind im Internet über http://dnb.d-nb.de abrufbar.

Planung/Lektorat: Marion Krämer
Springer ist ein Imprint der eingetragenen Gesellschaft Springer-Verlag GmbH, DE und ist ein Teil
von Springer Nature.
Die Anschrift der Gesellschaft ist: Heidelberger Platz 3, 14197 Berlin, Germany

Was Sie in diesem *essential* finden können

- Grundlagen des Denkens und Entscheidens
- Systematisierung von Entscheidungsfehlern und Debiasing
- Typische Fehler bei der Personalauswahl
- Ausgewählte Fallbeispiele
- Wirkweisen ausgewählter Entscheidungsfehler und Implikationen für die Prävention
- Grundlagen evidenzbasierten Personalmanagements

Inhaltsverzeichnis

Über die Autorin

Prof. Dr. Karin Meyer, MBA, M.Sc. ist Professorin für Betriebswirtschafts-lehre und Management an der EHiP Europäische Hochschule für Innovation und Perspektive, Wirtschaftspsychologin sowie selbstständige Beraterin/Trainerin und Dozentin. Zu ihren Forschungsinteressen zählen neben der Personal- und Unternehmensführung (insbesondere KMU), das Women Entrepreneurship/ Entrepreneurship Education sowie aktuelle Themen der Bildung und Wirtschafts-psychologie – ebenso der Transfer in Praxis und Lehre.

Einleitung

Bis zu einem Viertel der getroffenen Personalentscheidungen wird innerhalb der ersten zwei Jahre entweder durch das Unternehmen oder den/die ausgewählte/n MitarbeiterIn korrigiert. Hinzukommen 10–15 % von Personaleinstellungen, die aus Gründen der Kontinuität beibehalten werden, sich jedoch als unbefriedigend erweisen. Auch auf Management-Ebene werden lediglich ca. 80 % der Entscheidungen als gut und langfristig tragfähig eingestuft (Bierwirth & Nagengast, 2005). Im Extremfall werden so fast 40 % aller Vakanzen mit einer Person besetzt, die für die zu erfüllende Aufgabe nicht oder nicht optimal geeignet ist (Haufe, 2014). Dabei könnten sich Unternehmen bis zu 150 % des zukünftigen Jahresgehalts eines Mitarbeitenden sparen – Kosten, die beispielsweise durch eine Kündigung, die Nachbesetzung einer Stelle sowie das Onboarding eines neuen Mitarbeitenden entstehen (Capital, 2021; Rose & Steger, 2020, S. 79). Ein ähnliches Bild zeigt sich bei der Auswahl von BeraterInnen als freiberuflich Mitarbeitende: Auch hier geht etwa ein Drittel aller Beratungen schief, weil sich Unternehmen ebenfalls auf externer Ebene für die falschen BeraterInnen bzw. freien MitarbeiterInnen entscheiden – und dies oftmals mit millionenschweren Konsequenzen für die Unternehmen (Klesse, 2010). Dabei befindet sich der Markt der Unternehmensberatungen im Jahr 2019 auf einem Höchststand von 36 Mrd. EUR und hat sich damit seit dem Jahr 2010 fast verdoppelt – auch wenn der stetige Wachstumstrend unter den Bedingungen einer Corona-Krise eine leichte Dämpfung erfährt (Destatis, 2021; in Anlehnung an: Kieser, 2005; Meyer, 2022). Ausgangspunkt dieser Publikation stellen dabei nachfolgende Praxisfälle dar.

Fall-Beispiel 1. Auswahl externer Berater/Dienstleistungssektor

An einer innovativen, beruflichen Schule (Sek. II) wird Lehrkräften im Rahmen der pädagogischen Tage das Modell der Positiven Psychologie bzw. des

K. Meyer, *Entscheidungsfehler bei der Personalauswahl vermeiden*, essentials, https://doi.org/10.1007/978-3-662-67836-7_1

Positive Leaderships nach PERMA präsentiert. Es steht zur Diskussion in einem ersten Schritt SchulleiterInnen danach zu schulen – ebenso SchülerInnen im Rahmen von Projekttagen Workshops anzubieten. Eine evidenzbasierte Analyse zur Wirksamkeit des Konzepts ist im Vorfeld nicht erfolgt (vgl. Meyer, 2022). Binnen Kurzem wird der präsentierende PERMA-Lead-Berater als Experte für das Thema gehandelt – und das obwohl die Zertifizierung zum PERMA-Lead-Berater nur etwa zwei Tage dauert (Ebner et al., 2022). Offen gibt der Kollege, der ebenfalls als Lehrkraft der Schule tätig ist, auf kollegialer Ebene zu, dass der mit den Schulleitungen geplante Führungskräfte-Workshop der erste seiner Karriere ist und er über keinerlei Vorerfahrungen in diesem Bereich verfügt. Damit kann von einer umfassend geprüften Fachexpertise und Praxiserfahrung eigentlich nicht die Rede sein.◀

Fall-Beispiel 2. Auswahl externer Berater/Industrieunternehmen

Ein mittelständischer Automobilzulieferer befindet sich im Turnaround. Nach mehreren schwierigen Jahren wurde das Management ausgetauscht mit dem Ziel, das Unternehmen auf Vordermann zu bringen. Für den Change-Prozess wird vom neu eingesetzten Management ein freiberuflicher Berater engagiert, der den Veränderungsprozess moderieren und begleiten soll. Dabei verfügt dieser zwar über eine Qualifikation und über Erfahrung in der Gestaltung von Visionen – es fehlt jedoch vollständig die Erfahrung im Begleiten von (zeit-)kritischen Turnaround-Prozessen. Als das Unternehmen corona-bedingt wiederholt bzw. zusätzlich in Schieflage gerät, lässt sich nach erneut vorausgegangenen schlechten Geschäftsjahren kein/e InvestorIn mehr finden. Das Unternehmen meldet Insolvenz an und wird liquidiert.◀

Fall-Beispiel 3. Auswahl interner (Nachwuchs-)Führungskräfte

Bei einem schnellwachsenden Dienstleistungsunternehmen werden, um die regionale bzw. bundesweite Führung zu entlasten, unterstützende Assistenz- und Koordinationsaufgaben lokal vergeben. Ausgewählt wird hierfür eine Person, die erst wenige Wochen im Unternehmen ist. Schnell wird ersichtlich, dass es der hierfür eingesetzten Person primär um Selbstdarstellung, Eigenprofilierung sowie die eigenen Ziele und Interessen geht – auch wenn dies die Verbreitung falscher Informationen oder die verdrehte Wiedergabe von Realem mit sich bringt. Feedback aus dem Kollegiums zu den nicht der Realität entsprechenden Informationen wird ignoriert bzw. mit Arroganz beantwortet.

Selbst bei weiteren und ganz neuen KollegInnen fallen die Ich-bezogenen Verhaltensmuster bereits nach kurzer Zeit negativ auf, sodass die Person meist gemieden wird (vgl. Meyer, 2023b). Ein entsprechendes Gegensteuern des Managements unterbleibt.◄

Vorangestellte Beispiele verdeutlichen eine fehlende Qualität und zweifelhafte Basis von Entscheidungen bei der Auswahl von internem und externem Personal – mit zum Teil gravierenden Auswirkungen für Team und Unternehmen. Zielsetzung ist die Analyse dieser Personalauswahl-Entscheidungen durch das Management, denn Entscheidungskompetenzen sowie Urteilsfähigkeit (auch als Basis für Problemlösungen) zählen nach Ehlers (2020) und Suessenbach et al. (2021) zu den „Future Skills" – also den für die Zukunft relevanten Kompetenzen für eine Welt im Wandel (Suessenbach et al., 2021). Neben einer Ursachenanalyse soll daher ebenfalls beleuchtet werden, wie solchen Entscheidungen begegnet werden kann und wie diese in der Zukunft vermieden werden können. Es stellen sich damit folgende Fragen:

- Wie bzw. auf Basis welcher Entscheidungsfehler kommt es zu solchen Personalauswahl-Entscheidungen durch das Management?
- Und wie kann diesen im Rahmen eines Debiasings begegnet werden?

Der Aufbau dieses *essentials* umfasst dabei drei wesentliche Teile: So erfolgt innerhalb der theoretischen Grundlagen zunächst eine begriffliche Systematisierung von Entscheidungs- und Urteilsfehlern – ebenso des Debiasings. Weiterhin werden für Personalauswahlentscheidungen bedeutsame Effekte definiert und um weitere für den Kontext möglicherweise relevante Effekte ergänzt. Es schließt sich eine kritische Würdigung und Zusammenfassung der Theorie an. Im Rahmen der dargestellten Fallbeispiele erfolgt eine Kurzanalyse und Bewertung der vorliegenden Effekte – ebenso werden für diese Auslöser, Auswirkungen und Optionen zum Debiasing dargelegt. Es folgt eine kritische Beleuchtung der Vorgehensweise mit Schlussfolgerungen für die Praxis.

Theoretische Grundlagen 2

2.1 Begriffliche Systematisierung von Entscheidungsfehlern und Debiasing

Menschen sind „kognitive Geizhälse" wie die Forschung der Psychologie und Kognitionswissenschaft der letzten 50 Jahre belegt. Bei der Lösung von Problemen greift das Gehirn auf vielfältige Mechanismen zurück: Dabei können diese je nach Komplexität ein hohes Maß an Aufmerksamkeit und Konzentration verlangen, was oftmals als hinderlich empfunden wird. Aus diesem Grund werden ressourceneffiziente Standardprozesse präferiert, die weniger gedankliche Verarbeitungsleistung erfordern (Stanovich, 2018, S. 423 f.; von Nitzsch, 2021, S. 50; Betsch et al., 2011, S. 40). Daraus resultiert als Konsequenz die Tendenz, systematische Entscheidungsfehler (engl.: bias = Fehler/Verzerrung) zu begehen (Stanovich, 2018, S. 427; Wirtz, 2022) und die Entscheidungsqualität zu reduzieren (von Nitzsch, 2021, S. 49). Wenngleich es für „Bias" mehrere Begriffsdefinitionen in der Literatur gibt, wird meist ein Einfluss auf die Fähigkeit, evidenz- oder faktenbasiert zu entscheiden formuliert. Im Ergebnis wird die objektive Realität zumindest in einigen Aspekten anders interpretiert und wahrgenommen (Acciarini et al., 2021, S. 640). Diskutiert werden auf wissenschaftlicher Ebene ebenfalls unterschiedliche Sichtweisen zu den Folgen der Effekte, die sowohl positive als auch negative Auswirkungen auf Entscheidungsprozesse umfassen (ebenda, S. 640 f.). Debiasing beschreibt hierbei das Spektrum der Maßnahmen, die darauf abzielen, negative Einflüsse und Effekte zu vermeiden oder zumindest zu verringern (Mecit, 2021, S. 81).

2.2   Grundlagen des Denkens und Entscheidens

Als Grundlage von Denken und Entscheiden lassen sich zwei verschiedene Systeme unterscheiden, die Kahnemann als System 1 (automatisches System) und System 2 (willentliches System) bezeichnet (2012, S. 44, vgl. auch Tab. 2.1). Dabei gestaltet sich die Arbeitsteilung der beiden Systeme als höchst effizient und minimiert den Aufwand bei maximaler bzw. optimaler Leistung (Kahnemann, 2012, S. 38).

Da es nicht möglich ist, die Wachsam- und Aufmerksamkeit von System 2 dauerhaft zu erhalten und das eigene Denken permanent und zeitintensiv zu hinterfragen, können lediglich bestmögliche Kompromisse erzielt werden, indem

Tab. 2.1   Zwei Denksysteme und ihre Aufgaben

System 1 (schnelles/automatisches Denken)	System 2 (langsames/anstrengendes Denken)
• Impulsiv/mühelos, ohne willentliche Steuerung	• Komplexe, mental anstrengende Aktivitäten
• Beinhaltet angeborene Fähigkeit	• Bewusst, logisch
• Basiert auf spontanen Eindrücken und Gefühlen	• Oftmals geprägt von subjektivem Erleben von Handlungsmacht, Entscheidungsfreiheit, Konzentration
• Beinhaltet mentale Aktivitäten, die durch Üben zu Routine werden	• Erfordert Aufmerksamkeit und wird daher gestört, wenn diese abgezogen wird
• Macht Vorschläge für Eindrücke, Absichten, Intuitionen und Gefühle, die von System 2 ohne größere Modifikation übernommen werden	• Befindet sich meist in einem Modus geringer Anstrengung, um das begrenzte Aufmerksamkeitsbudget im Alltag nicht zu überlasten
• Erst bei Problemen wird von System 2 eine detaillierte und spezifische Verarbeitung zur Problemlösung angefordert	• Wird aktiviert, wenn ein Ereignis nicht mit System 1 vereinbar ist
• Leistungsfähigkeit wird durch unbewusste kognitive Verzerrungen negativ beeinflusst	• Muss Impulse von System 1 im Rahmen der Selbstbeherrschung überwinden (erschöpfend)
• Abschalten nicht möglich, intuitive Denkfehler	• Verbraucht mehr Glukose
• Übernimmt in Notlagen die Kontrolle mit dem Ziel des Selbstschutzes	

Quelle: Eigene Darstellung, in Anlehnung an: Kahnemann 2012

Menschen lernen, fehlerbehaftete Situationen frühzeitig zu erkennen und sich rechtzeitig um eine Fehlervermeidung zu bemühen. Dabei besteht die Option, aus den Fehlern anderer zu lernen und diese leichter zu erkennen und zu reflektieren als die eigenen (Kahnemann, 2012, S. 42). Gleichzeitig neigen Personen mit entsprechender „Denkfaulheit" zu einem eingeschränkten logischen Denken und folgen meist recht unkritisch ihrer eigenen Intuition und so den von System 1 vorgeschlagenen Eindrücken, Absichten und Gefühlen ohne eine reflektierte Modifikation durch System 2 (vgl. auch Tab. 2.1). Menschen, die sich in einem Zustand der kognitiven Auslastung befinden, zeichnen sich zudem dadurch aus, dass ihre Entscheidungen eher egoistische Tendenzen aufweisen (Kahnemann, 2012, S. 57). Zeitdruck und häufige Aufgabenwechsel sorgen für eine höhere Anstrengung, da die Aufmerksamkeit auf mehreren Aufgaben liegt und gleichzeitig ein schnelles Handeln gefragt ist. Dabei besteht die größte Herausforderung darin, langsames Denken schnell umzusetzen (Kahnemann, 2012, S. 53). Ersichtlich wird damit auch, welche Belastung eine immer schneller und komplexer werdende Arbeitswelt 4.0 darstellt, die auch als VUCA-Welt bezeichnet wird (Meyer, 2021a, b). Ableitbar werden somit ebenfalls Auswirkungen für Menschen, die chronischem Stress bspw. durch soziale Konflikte oder antisoziales (Führungs-)Verhalten unterliegen und die bereits einen Teil ihrer Aufmerksamkeit und Konzentration für die Konfliktführung oder -vermeidung aufwenden (Meyer, 2023a, b) – und letztlich so zu schlechteren Ergebnissen und Entscheidungen von System 2 kommen, da ein Teil der Aufmerksamkeit eines begrenzten Budgets bereits anderweitig gebunden ist. Zudem wird in Not- und Bedrohungssituationen der eigene Selbstschutz priorisiert, für den System 1 zuständig ist (in Anlehnung an: Kahnemann, 2012). Ersichtlich wird damit auch, welche Rolle gute Personal- und Führungskräfteentscheidungen für die Leistung und Entscheidungssicherheit eines jeden Mitarbeitenden einnehmen – und weshalb falsche Personalentscheidungen unabhängig von Neubesetzungen, Kündigungen, Abfindungen etc. in Unternehmen deutlich höhere Gesamtkosten (Total Cost) auslösen (in Anlehnung an: Rose, 2019; Rose & Steger, 2020, S. 79).

2.3 Häufige Entscheidungsfehler bei der Personalauswahl im Überblick

Führungskräfte und Personalverantwortliche sollten sich aufgrund der möglichen Folgen personeller Entscheidungen mit den häufigsten Entscheidungsfehlern vertraut und sich diese bewusst machen, um entsprechend gegensteuern zu können (Buchheim & Weiner, 2014, S. 107; Bernhardt, 2019, S. 364). Unterscheiden

Tab. 2.2 Entscheidungsfehler in der Personalauswahl: Häufige/mögliche relevante Effekte im Überblick

Häufige Effekte	Kurzbeschreibung
Halo-Effekt	Tendenz, von bekannten Merkmalen einer Person auf unbekannte oder die Gesamtbewertung zu schließen (Kahnemann, 2012, S. 108 und 247; Stock-Homburg & Groß, 2019, S. 426; Glaser, 2019, S. 10 ff.)
Ähnlichkeits-Bias	Tendenz, Personen nach der „gefühlten" Ähnlichkeit zur eigenen Person zu bewerten (bspw. Hintergründe, Werte) (Kanning, 2020)
Primacy- und Regency-Effekt	Dominanz der erstaufgenommenen Informationen über Nachfolgendes (zeitstabiler Anker) auch im Vergleich zur letztaufgenommenen Information (von Nitzsch, 2019, S. 55; Stock-Homburg & Groß, 2019, S. 426; Höft & Kersting, 2018, S. 56)
Pygmalion-Effekt	Selbsterfüllende Prophezeiung: Beeinflussung durch Voreinstellung/Vorinformationen, die einen Erwartungseffekt auslösen und zu einer hypothesengefilterten Wahrnehmung und Informationsbewertung führen. Weiterhin tragen die Personen mit der entsprechenden Erwartung bewusst oder unbewusst dazu bei, dass das erwartete Ereignis eintritt (Weibler, 2016, S. 671; Höft & Kersting, 2018, S. 56; Glaser, 2019, S. 82 ff.)
Möglich weitere Effekte	**Kurzbeschreibung**
Anker-Effekt	Entscheidungen werden von nicht relevanten Umgebungsinformationen (vorgegebene oder selbst generierte Anker) unbewusst beeinflusst und in Richtung des Ankers verzerrt (Kahnemann, 2012, S. 152; Betsch et al., 2011, S. 39; Bröder & Hilbig, 2017, S. 635)
Bestätigungsfehler	Verzerrte Informationsauswahl und Interpretation mit dem Ziel, die eigenen Erwartungen zu bestätigen (Kahnemann, 2012, S. 108; Glaser, 2019, S. 62 ff.; Betsch et al., 2011, S. 120)
Verzerrungsblindheit	Tendenz, sich als neutral, unbeeinflusst oder im Vergleich zu anderen geringer beeinflusst anzusehen (Kahnemann, 2012, S. 342; Scopeliti et al., 2015, S. 2471)

(Fortsetzung)

Tab. 2.2 (Fortsetzung)

Dunning-Kruger-Effekt	Neigung weniger kompetenter Personen zur Selbstüberschätzung bei gleichzeitiger Unterschätzung der überlegenen Kompetenzen anderer (Glaser, 2019, S. 35 f.; Pennycock et al., 2017, S. 1774; Baumgartner, 2017, S. 246)
Negativitätsdominanz	Negatives übt einen stärkeren Einfluss auf das Verhalten und Denken aus als Positives. Bereits einige wenige negative Informationen können das Gesamturteil negativ verzerren (Glaser, 2019, S. 134 f.)

Quelle: Eigene Darstellung

lassen sich Verzerrungen in der Wahrnehmung und daraus resultierende subjektive Beurteilungsfehler ohne jegliches Bewusstsein – ebenso Entscheidungsfehler, die sich aus Informationsdefiziten ergeben (Buchheim & Weiner, 2014, S. 107). Zu den gängigsten Effekten gehören im Rekruiting der Halo-Effekt, der Ähnlichkeits-Bias, der Primacy- und Regency- sowie der Pygmalion-Effekt (Bernhardt, 2019, S. 364), die daher im Nachfolgenden kurz charakterisiert werden und um weitere mögliche Effekte aus der Literatur ergänzt werden (vgl. Tab. 2.2). Dabei erhebt die dargestellte Übersicht keinen Anspruch auf Vollständigkeit, sondern dient lediglich einer ersten Orientierung. Um Redundanzen zu vermeiden erfolgt eine ausführliche Beschreibung der Effekte und Wirkweisen bei den Ansätzen des Debiasings (vgl. Abschn. 3.3).

2.4 Kritische Würdigung und Zusammenfassung

Die „Heuristics-and-Biases"-Forschung stellt die systematische Urteilsabweichung der Menschen von normativen Modellen in den Mittelpunkt. Verkürzte Urteilsstrategien erlauben es, unter den Bedingungen von Unsicherheit und trotz eingeschränkter Kapazitäten für die Informationsverarbeitung zu relativ guten Entscheidungen zu kommen. Gleichzeitig sind diese Urteile meist von systematischen Verzerrungen geprägt (Betsch et al., 2011, S. 38). Wie bereits abgebildet, gestaltet sich das Feld möglicher Ursachen für Entscheidungsfehler als vielfältig und erstreckt sich über ein breites Spektrum möglicher Effekte (in Anlehnung an: Glaser, 2019). Im Rahmen von Kategorisierungen können die Effekte zum Teil mehrfach zugeordnet werden (Höft & Kersting, 2018, S. 56). Hinzukommen Überschneidungen der Effekte, beispielsweise des Primacy- und des Anker-Effekts. Auch beruhen Fehlerquellen unter Umständen aufeinander: So kann sich

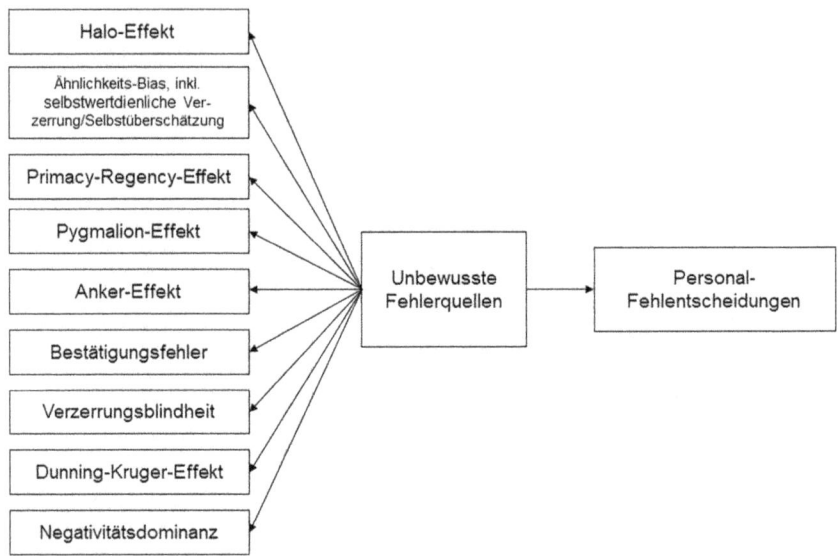

Abb. 2.1 Mögliche, unbewusste Fehlerquellen bei der Personalauswahl. (Quelle: Eigene Darstellung)

beispielsweise der Ähnlichkeits-Bias auf Basis einer selbstwertdienlichen Verzerrung und/oder einer Selbstüberschätzung ergeben (Kanning, 2020; Kanning, 2015, S. 47; Myers, 2014, S. 588). Es wurden im Rahmen der theoretischen Fundierung mehrere Effekte beleuchtet, die für Personalauswahlentscheidungen als relevant eingestuft wurden (vgl. Abb. 2.1).

Gleichzeitig kann diese Auswahl jedoch keinesfalls als vollständig angesehen werden: So weisen Heufers und Voß beispielsweise zusätzlich den Contrast Bias aus, bei welchem Personen im Rekruiting besser bewertet werden, weil vorherige KandidatInnen eine schlechtere Leistung gezeigt haben (2019, S. 219). Auch wurde im Rahmen der Literaturrecherche ersichtlich, dass sich viele Studien meist nur der Analyse einzelner Entscheidungsfehler widmen. Annahme ist jedoch, dass auf der Grundlage der dargestellten Effekte ein Bewusstsein für mögliche, unterschätzte Fehlerquellen für Entscheidungen erreicht und so ein (erster) Beitrag zur Optimierung von Personalauswahlentscheidungen geleistet werden kann (in Anlehnung an: Glaser, 2019, S. XI; Buchheim & Weiner, 2014, S. 107; Bernhardt, 2019, S. 364).

Ausgewählte Praxis-Fallbeispiele

Einzelfallstudien dienen der Analyse einzelner Untersuchungseinheiten (Schnell et al., 2018, S. 223 f.; vgl. auch Meyer, 2023a, b). In diesem Fall liegen die Auswahlen interner oder externer Mitarbeiter dreier Unternehmen zugrunde. Sämtliche Untersuchungseinheiten verbindet eine wenig strukturierte, erfolgreiche bzw. unzufriedenstellende Personalauswahl – zum Teil mit entsprechenden Konsequenzen für Teams und Unternehmen. Zu den EntscheidungsträgerInnen zählen jeweils Führungskräfte und die Geschäftsleitung (vgl. Tab. 3.1).

Ersichtlich wird bereits zu Beginn der Analyse, dass in sämtlichen Fällen keine systematische Auswahl unter Einbindung des Personalbereichs erfolgt ist. So erfolgte die Auswahl der externen Berater primär durch die Geschäftsleitung (unter Einbindung der lokalen Niederlassungsleitung). Dabei umfasste die Geschäftsleitung im zweiten Fall mehrere Mitglieder und deckte sowohl den kaufmännischen als auch den technischen Unternehmensbereich ab. Die interne Personalentscheidung wurde lediglich von Führungskräften vorgenommen – ohne die Person im Vorfeld wirklich zu kennen oder den Personalbereich in die Entscheidung miteinzubinden.

3.1 Mögliche Vorgehensweise

Die methodische Vorgehensweise zur Identifikation möglicher Entscheidungs- und Urteilsfehler in den dargelegten Fällen kann wie folgt skizziert werden (vgl. Abb. 3.1).

Dabei erfolgt die Identifikation möglicher Entscheidungsfehler auf der für die theoretische Fundierung als relevant eingestuften Effekte (vgl. Abschn. 2.3). Denn wie bereits dargelegt, beziehen sich Studien meist auf die Erforschung

K. Meyer, *Entscheidungsfehler bei der Personalauswahl vermeiden*, essentials, https://doi.org/10.1007/978-3-662-67836-7_3

Tab. 3.1 Übersicht über die EntscheiderInnen im jeweiligen Fall

EntscheidungsträgerInnen	Fallbeispiel 1 (Externer Berater)	Fallbeispiel 2 (Externer Berater)	Fallbeispiel 3 (Interner Mitarbeiter)
Geschäftsleitung	X	X	
Standortleitung	X	Nicht vorhanden	
Führungskräfte			X
Personalabteilung			

X = an der Entscheidung beteiligte Parteien
Quelle: Eigene Darstellung

einzelner Effekte. Eine übergreifende Übersicht mit den wichtigsten Entscheidungsfehlern und -effekten analog der Top Ten-Biases für das Projektmanagement konnte für den Personalbereich nicht recherchiert werden (in Anlehnung an: Flyvbjerg, 2021). Aus diesem Grund erfolgt nach einer Definition der jeweiligen Entscheidungsfehlerquellen eine Ableitung der möglichen relevanten Effekte für den Prozess von Personalentscheidungen mit einer anschließenden Identifikation

Abb. 3.1 Methodische Vorgehensweise im Überblick. (Quelle: in Anlehnung an: Eisenhardt, 1989, S. 533; Schütz & Röbken, 2016, S. 26; Meyer, 2019, S. 6)

möglicher Ansatzpunkte für die Vermeidung negativer Auswirkungen im Rahmen eines Debiasings.

3.2 Systematische Ursachenanalyse im Einzelfall

Anhand der herausgefilterten Effekte für Personalentscheidungen wurde eine Kurzanalyse anhand der gemachten Beobachtungen durchgeführt und deren Relevanz für den jeweiligen Fall betrachtet. Dabei ergibt sich nachfolgendes Bild im Überblick (vgl. Tab. 3.2).

Es zeigt sich, dass bei der Personalauswahl von Fallbeispiel 3 eine Kombination aus sämtlichen möglichen, identifizierten Fehlerquellen vorliegt. Auch bei der Auswahl der externen Berater werden ähnliche Fehler gemacht, wenngleich

Tab. 3.2 Relevante Fehlerquellen im jeweiligen Einzelfall (Überblick)

Gängige Entscheidungsfehler der Personalauswahl	Fallbeispiel 1 (Externer Berater)	Fallbeispiel 2 (Externer Berater)	Fallbeispiel 3 (Interner Mitarbeiter)
Halo-Effekt	X	X	X
Ähnlichkeits-Bias	X	X	X
(Optimistische) Selbstüberschätzung	X	X	X
Selbstwertdienliche Verzerrung	X	X	X
Primacy and Recency Effekte	X	X	X
Pygmalion-Effekt		X	X
Weitere mögliche Entscheidungsfehler der Personalauswahl	**Fallbeispiel 1** (Externer Berater)	**Fallbeispiel 2** (Externer Berater)	**Fallbeispiel 3** (Interner Mitarbeiter)
Anker-Effekt (Anchoring)	X	X	X
Bestätigungsfehler (Confirmation bias)		X	X
Verzerrungsblindheit (Bias blind spot)	X	X	X
Dunning-Kruger-Effekt (Dunning-Kruger-Effect)	X	X	X
Negativitätsdominanz/ -verzerrung/-bias		X	X

Quelle: Eigene Darstellung

nicht unbedingt im selben beobachtbaren Umfang. Ableiten lässt sich unabhängig von der Zahl der Fehlerquellen, der Bedarf an Aufklärung und die Bewusstseinsentwicklung für Entscheidungsfehler bei Entscheidern – in diesem Fall der Geschäfts- und Standortleitung und der Führungskräfte. Des Weiteren sind Personalverantwortliche zu schulen, auch wenn in den vorliegenden Fällen eine Auswahl ohne den Personalbereich erfolgt ist (in Anlehnung an: Buchheim & Weiner, 2014, S. 107; Bernhardt, 2019, S. 364).

Im Detail lässt sich die Ableitung der vermuteten Entscheidungsfehler wie nachfolgend dargestellt abbilden (Tab. 3.3).

Tab. 3.3 Qualitative Kurzanalyse der Entscheidungsfehler innerhalb der Fallbeispiele

Beobachtbare Verhaltensanker – Fallbeispiel 1 (Externer Berater)	Möglicher Entscheidungs-/Urteilsfehler
Beauftragung eines Kollegen als PERMA-Lead-Berater nach nur etwa zwei Tagen Zertifizierungs-Workshop, ohne systematische Eignungsprüfung.	(Optimistische) Selbstüberschätzung, selbstwertdienliche Verzerrung, Dunning-Kruger-Effekt
Handeln des Beraters als Fachexperte. Die fehlende Expertise in der Praxis wird nicht wahrgenommen. Weitere Potenzialträger werden nicht geprüft, schätzungsweise ist sich das Leitungspersonal nicht über die Limitierungen der eigenen Bewertungsfähigkeiten bewusst.	
Lehrkraft ist engagiert und bei SchülerInnen beliebt.	Halo-Effekt
Berater ist zugleich Lehrkraft, Werte zur Schulleitung sind weitgehend kongruent.	Ähnlichkeits-Bias
Lehrkraft verfügt über einen ersten guten Eindruck bei der Schulleitung. Weitere Potenzialträger im Bereich der Positiven Psychologie werden nicht erkannt oder kritisch geprüft.	Primacy-Effekt/Anker-Effekt
• Grundsätzliches Reflexionsvermögen zur Verbesserung der Umstände an der Schule ist vorhanden, kritisches Feedback ist grundsätzlich erwünscht. • Schulleitung nimmt Entscheidungsfehler insbesondere bei SchülerInnen und anderen Schulen/SchulleiterInnen wahr, jedoch nicht bei sich selbst	Verzerrungsblindheit

Quelle: Eigene Darstellung

Beobachtbare Verhaltensanker – Fallbeispiel 2 (Externer Berater)	Möglicher Entscheidungs-/Urteilsfehler
Moderation eines Turnaround-Prozesses durch einen Berater mit Kompetenzen im Visions-Coaching, exklusive Turnaround-Erfahrung. Folge ist die Liquidation des Unternehmens.	Ähnlichkeitseffekt Berater und Geschäftsleitung im Hinblick auf Selbstüberschätzung, Selbstwertdienliche Verzerrung, Dunning-Kruger-Effekt
Berater ist gut situiert und kann Inhouse-Erfahrung belegen.	Halo-Effekt
Annahme: Guter erster Eindruck durch Positivität in einer negativen Unternehmenssituation	Primacy-Effekt/Anker-Effekt
Geschäftsleitung trifft die Entscheidung weitgehend alleine, erst zu einem späteren Zeitpunkt wird der Berater intern vorgestellt.	Dunning-Kruger-Effekt, Optimistische Selbstüberschätzung, Selbstwertdienliche Verzerrung
Ablehnen von Kritik interner, qualifizierter KollegInnen (wird als negativ empfunden und löst sofort Abwehrreaktionen aus)	Negativitätsdominanz
Interner Rat wird nicht angenommen und zurückgewiesen. Gleichzeitig werden Entscheidungen innerhalb der Branche sowie des vorhergehenden Managements kritisiert und infrage gestellt. Ein Beleuchten eigener Schwachstellen unterbleibt.	Verzerrungsblindheit
Nach Einführung des Beraters im Innenverhältnis wird auch bei weiterer Kritik daran festgehalten, es werden lediglich bestätigende Informationen zugelassen (evtl. auch Erweiterung im Hinblick auf einen Sunk-Cost-Effect/ Escalation of Commitment möglich).	Bestätigungsfehler
Es besteht die Erwartungshaltung der Geschäftsleitung über diesen Berater zum Erfolg zu kommen, das Verhalten ist gegenüber der externen Ressource besser und wertschätzender als gegenüber internen Mitarbeitenden.	Pygmalion-Effekt

Quelle: Eigene Darstellung

Beobachtbare Verhaltensanker – Fallbeispiel 3 (Interner Mitarbeiter)	Möglicher Entscheidungs-/Urteilsfehler
Wählen einer Kraft bereits nach kurzer Zeit, ohne diese zu kennen. Die Personalauswahl erfolgt unstrukturiert durch Führungskräfte.	Dunning-Kruger-Effekt, Ähnlichkeits-Bias, Selbstüberschätzung, Selbstwertdienliche Verzerrung
Person verfügt über ein hervorstechendes, ökonomisches Merkmal, das beim Arbeitgeber für Eindruck sorgt und von dem auf weitere Merkmale geschlossen wird.	Halo-Effekt/Primacy-Effekt
Verbreitung falscher Informationen, Mobbing wird von den darüberliegenden Führungskräften ignoriert und ausgeblendet, ein Gegensteuern des Managements unterbleibt (evtl. auch Erweiterung im Hinblick auf einen Sunk-Cost-Effect/Escalation of Commitment möglich).	Bestätigungsfehler
Es wird an anderen (vorwurfsvolle) Kritik geübt, ohne die eigenen Verzerrungen zu betrachten.	Verzerrungsblindheit
Andere (kompetentere) KollegInnen werden durch das Management bei/nach geäußerter Kritik geschnitten	Negativitätsdominanz, negativer Halo-Effekt
Person wird wertschätzender behandelt als BestandsmitarbeiterInnen, sodass die Führungskräfte durch ihr Verhalten zum Erfolg der Person beitragen.	Pygmalion-Effekt
Einstellung zur Selbstpositionierung und zu Mobbing sowie Ausbeutung von KollegInnen zum eigenen Vorteil stimmt zwischen den Personen überein (Führungskräfte/Mitarbeitende).	Ähnlichkeits-Bias

Quelle: Eigene Darstellung, Kategorienbildung am Material in Anlehnung an Kuckartz 2016, S. 91

3.3 Wirkweisen der vorliegenden Entscheidungsfehler mit Implikationen für das Debiasing

Grundsätzlich ist es wichtig, sich in Personalauswahlprozessen die Anforderungen an eine zu besetzende Position immer wieder zu vergegenwärtigen und Personalentscheidungen nochmals zu reflektieren, bevor diese final getroffen werden (Heufers & Voß, 2019, S. 222). Weiterhin ist es hilfreich, sich der eigenen subjektiven Präferenzen und Verhaltensmuster bewusst zu werden – wenngleich es die perfekte Personalauswahlentscheidung sowie vollständige Objektivität nicht gibt (Heufers & Voß, 2019, S. 219 und 222; Treier, 2019, S. 243). Ebenso empfiehlt es sich, am Auswahlprozess beteiligte Personen zu schulen und ein Bewusstsein für die Konsequenzen irreführender Urteile oder schlechter und damit kostspieliger Auswahlentscheidungen aufzuzeigen (Heufers & Voß, 2019, S. 216 und 219; Chamberlain, 2016, S. 199). Auch nach von Nitzsch ist es relevant, sich mit den Phänomenen vertraut zu machen, um die Entscheidungsqualität zu erhöhen. Gleichzeitig weist er jedoch darauf hin, dass sich auch ExpertInnen nicht von Fehlentscheidungen bzw. Urteilsfehlern und Verzerrungen freisprechen können. Empfehlung ist, eine persönliche Übersicht relevanter und ins Bewusstsein gerückter Effekte zu erstellen, die zu optimieren sind, und deren Einsatz sich als effizienter erweist als die Ableitung einer allgemeinen, personenunabhängigen Checkliste für Personalentscheidungen (2019, S. 302 f.).

Festgehalten werden kann mit Blick auf die dargestellten Einzelfälle, dass eine umfassende Schulung zur Personalauswahl, ebenso zu den Fehlerquellen sowie den persönlichen Wahrnehmungsmustern nicht erfolgt ist (in Anlehnung an: Heufers & Voß, 2019, S. 219). Weiterhin wurden keine strukturierten Gespräche geführt oder KandidatInnen systematisch verglichen. So erfolgte die Personalauswahl des internen Mitarbeiters (Fallbeispiel 3), ohne diesen wirklich intensiv kennengelernt zu haben. Auch wurden für die Entscheidung keine weiteren KandidatInnen in Erwägung gezogen. Ein ähnliches Bild zeigt sich in den Fallbeispielen 1 und 2, in denen Berater ohne einen analytischen Vergleich etwaiger besser geeignete/r KandidatInnen rekrutiert wurden. Wenngleich bereits an dieser Stelle grobe Fehler innerhalb der Personalauswahlprozesse festgestellt werden konnten, soll nachfolgend nochmals eine Vermeidung der definierten Fehlerquellen und Effekte im Detail beleuchtet werden.

Halo-Effekt Als klassischer Urteilsfehler lässt sich der Halo-Effekt als logischer Fehler beschreiben, der dadurch entsteht, dass bekannte Eigenschaften oder Verhaltensweisen einer Person auf unbekannte Parameter eine ausstrahlende Wirkung haben. Damit wird von Bekanntem auf Unbekanntes geschlossen (Treier, 2019,

S. 241; Stock-Homburg & Groß, 2019, S. 426). Im Ergebnis können Rückschlüsse zu den abgeleiteten unbekannten Charakteristika als (zu) positiv oder (zu) negativ ausfallen. So ist es beispielsweise möglich, dass Personen aufgrund eines positiven Merkmals insgesamt als positiv bewertet werden (Stock-Homburg & Groß, 2019, S. 426). Damit überstrahlt ein (Schlüssel-)Erlebnis oder ein hervorstechendes (Leistungs-)Merkmal sämtliche weiteren Charakteristika (Hecker, 2019, S. 163; Höft & Kersting, 2018, S. 57). Der Halo-Effekt sorgt somit im Rahmen einer stimmigen Interpretation von Merkmalen für Kohärenz und damit für „eine Leichtigkeit im Denken und für die Klarheit der Gefühle" (Kahnemann, 2012, S. 248; Hecker, 2019, S. 164).

Die Wirkweise des Halo-Effekts lässt sich wie nachfolgend abgebildet zusammenfassen (vgl. Abb. 3.2). Dabei wird das Informationsdefizit bezüglich weiterer Merkmale durch Annahmen überbrückt, die dem subjektiv interpretierten, hervorstechenden Merkmal (positiv oder negativ) entsprechen. Weitere, konträre Informationen bleiben zu Gunsten des ersten Eindrucks unberücksichtigt oder werden zu Gunsten einer Reduzierung von Diskrepanzen uminterpretiert, um Unsicherheit und Frustrationen zu vermeiden (Kahnemann, 2012, S. 108 ff.).

Um dem Halo-Effekt in der Personalauswahl entgegenzuwirken, empfiehlt es sich eindeutige Auswahlkriterien zu formulieren, die verschiedene relevante

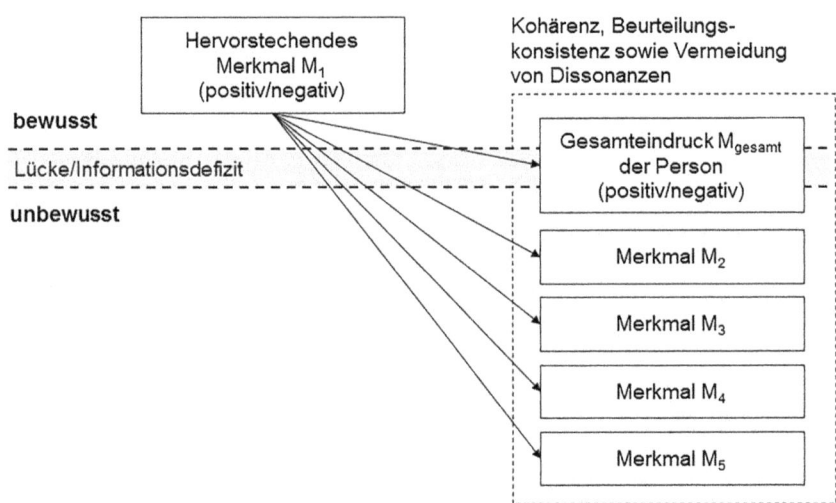

Abb. 3.2 Auswirkungen des Halo-Effekts. (Quelle: Eigene Darstellung, in Anlehnung an: Kahnemann, 2012, S. 108 ff. und 248)

Aspekte und Facetten beleuchten (in Anlehnung an: Stock-Homburg & Groß, 2019, S. 427). Auch Utami et al. belegen, dass der Wissenserwerb durch erklärende Rückmeldungen oder Selbsterklärungen dazu beiträgt, einen Halo-Effekt zu mildern (2017, S. 211). Kahnemann verweist zudem darauf, Fehler zu dekorrelieren und mehrere BeobachterInnen einzusetzen bzw. Beobachtungen unabhängig voneinander durchzuführen. Ziel ist es, möglichst viele Informationen aus unterschiedlichen Quellen unabhängig voneinander zu gewinnen (2012, S. 111). Im Rahmen einer Personalauswahl empfiehlt es sich daher mehrere KollegInnen intern zu beteiligen, den Prozess outzusourcen oder über verschiedene Auswahlstufen hinweg zu gestalten (in Anlehnung an: Imelauer, 2015, S. 22 und 28 ff.). Von Nitsch empfiehlt auch einen bewussten „Halo-Check" und die bewusste Frage vor einer Entscheidung, ob bei einer Person mit Erfolg in einem Gebiet auf den Erfolg in einem anderen Gebiet geschlossen wurde (2019, S. 303).

Ähnlichkeitsbias (inkl. Selbstwertdienliche Verzerrung/ Selbstüberschätzung) Die Ähnlichkeit bezieht sich dabei nicht unbedingt auf äußere Merkmale, sondern auf die „gefühlte Ähnlichkeit", beispielsweise hinsichtlich der Hintergründe und Wertevorstellungen. Dabei beeinflusst der Ähnlichkeitseffekt die eingeschätzte Eignung eines Bewerbers bzw. einer Bewerberin für eine Position zu 40 % sowie die finale Entscheidung für oder gegen eine/ n KandidatIn zu 24 %. Ausgewählt werden somit im Rekruiting KandidatInnen, die zu den Auswählenden passen – auch wenn diese selbst nicht die bestmögliche Besetzung für eine freie Position darstellen (Kanning, 2020). Der Ähnlichkeits-Attraktivitäts-Effekt beruht unbewusst auf dem Selbstkonzept der Entscheidenden und deren positiv verzerrten Bild von sich selbst (selbstwertdienliche Verzerrung) sowie der damit verbundenen Selbstüberschätzung – ein Risiko, das mit zunehmendem Erfolg steigt. Ziel ist es, den eigenen Selbstwert zu sichern und die Welt immer wieder so zu interpretieren, dass der eigene Selbstwert positiv gefördert wird und sich die Personen in einem günstigen Licht sehen können (Kanning, 2015, S. 47; Myers, 2014, S. 588). Als Folge ergibt sich für das Rekruiting, dass KandidatInnen, die unter ähnlichen Bedingungen als ähnlich erscheinen, als besonders geeignet gelten – auch wenn die EntscheiderInnen selbst gar nicht über das für eine Stelle erforderliche Kompetenzportfolio verfügen (Kanning, 2020; Kanning, 2015, S. 47). In Anlehnung an von Nitzsch kann mit Blick auf eine vorliegende Selbstüberschätzung die Frage abgeleitet werden, in wieweit Erwartungen an einen bzw. eine KandidatIn als realistisch bzw. übermäßig optimistisch eingeschätzt werden (2019, S. 303). Auch hilft es, bisher zu wenig kritische Aspekte kognitiv stärker zu fokussieren und bewusst zu machen. Insbesondere wenn EntscheiderInnen in die Personalauswahl signifikant integriert waren, kann es verstärkt zu einer (zu) positiven Bewertung des/der KandidatIn kommen. Mit der „Prospective-Hindsight-Methode" ist es möglich, eine etwaige Selbstüberschätzung zu korrigieren: Im Rahmen einer Zeitreise kann gedanklich in die Zukunft gereist werden. Die Landung erfolgt genau zu jenem Zeitpunkt, an dem die Zusammenarbeit mit dem/der KandidatIn endgültig gescheitert ist. Im Rahmen eines Rückblicks sollen die Gründe hierfür analysiert werden. Im Anschluss erfolgt eine Neubewertung der Erfolgschancen des/der KandidatIn unter Einbezug der bewusst gewordenen kritischen Aspekte. Dabei fällt es leichter, Risikofaktoren rückblickend und nicht mit einem Blick in die Zukunft zu betrachten (in Anlehnung an: von Nitzsch, 2019, S. 303). Entgegenwirken kann gegen einen Ähnlichkeits-Bias auch, ein Personalauswahl-Team zu bestimmen, dieses bewusst heterogen zu gestalten (in Anlehnung an: Kahnemann, 2012, S. 111; Imelauer, 2015, S. 22 und 28 ff.) und sich im Rahmen von Reflexionen Gedanken zu machen, wodurch das Gefühl der Ähnlichkeit hervorgerufen wird (Kanning, 2020). Unterstützend kann auch die Frage gestellt werden, ob es im Team unterschiedliche, andiskutierte Perspektiven und Meinungen gab – oder ob sich die Personen im Rahmen der Personalauswahlentscheidung auffallend einig waren (in Anlehnung an: von Nitzsch, 2019, S. 302).

Primacy- und Regency-Effekt Der Primacy-Effekt gilt als eine Variante des Verfügbarkeitseffekts. Demnach werden Informationen, die zuerst verfügbar sind anders und mit einer höheren Aufmerksamkeit verarbeitet und beeinflussen damit Wahrnehmungs- und Bewertungsprozesse stärker als nachfolgend erhaltene Informationen. Nutzen lässt sich dieser Effekt, in dem vorteilhafte und mit einer höheren, gewünschten Aufmerksamkeitsleistung zu verarbeitende Informationen an den Anfang von Nachrichten gestellt werden. Zwar bleiben auch zuletzt genannte Aspekte und Inhalte (flüchtig) im Gedächtnis, allerdings dominiert das Erstgenannte aufgrund der besseren Verfügbarkeit das jeweils Zweitgenannte (von Nitzsch, 2019, S. 55). Erste Eindrücke werden damit stärker gewichtet als aktuelle und dienen (zeitstabil) als Anker für sämtliche weiteren Wahrnehmungen (Stock-Homburg & Groß, 2019, S. 426; Höft & Kersting, 2018, S. 56). Dabei tritt der Effekt insbesondere dann auf, wenn die Person zu wenig bekannt ist und deren Leistung nicht wirklich eingeschätzt werden kann (Stock-Homburg & Groß, 2019, S. 426). Auswirkungen des Primacy- und Regency-Effekts lassen sich wie nachfolgend abgebildet zusammenfassen (vgl. Abb. 3.3).

Im Rahmen des Primacy-Effekts kommt damit ersten Informationen (zeitstabil) eine besondere Bedeutung zu, ebenso im Rahmen des Regency-Effekts den letzten (flüchtig). Informationen dazwischen werden nicht oder nur unzureichend verarbeitet (von Nitzsch, 2019, S. 55; Stock-Homburg & Groß, 2019, S. 426;

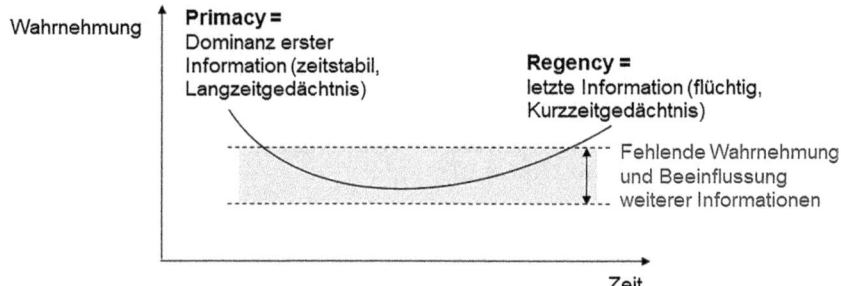

Abb. 3.3 Wahrnehmung im Rahmen des Primacy- und Regency-Effekts. (Quelle: Eigene Darstellung, in Anlehnung an: von Nitzsch, 2019, S. 43 f. und 55; Stock-Homburg & Groß, 2019, S. 426; Höft & Kersting, 2018, S. 56)

Höft & Kersting, 2018, S. 56). Um bei einem Primacy-/Regency-Effekt entsprechend gegenzusteuern, hilft ein permanentes, stichpunktartiges Dokumentieren zum/zur jeweiligen KandidatIn, beispielsweise im Rahmen eines Auswahlgesprächs (Homburg & Groß, 2019, S. 427). So kann vermieden werden, dass KandidatInnen bevorzugt werden, welche die letzte Frage sehr gut beantwortet haben (Regency-Effekt). Gleiches gilt für den Primacy-Bias, bei dem Personen aufgrund des ersten Eindrucks gut oder schlecht bewertet werden und eine Verhaltensänderung während des Gesprächs keinen Einfluss mehr auf die Bewertung des/der KandidatIn ausübt (in Anlehnung an: Heufers & Voß, 2019, S. 219). Auch ist es anhand von Beurteilungstagebüchern möglich, getroffene Personalentscheidungen nochmals zu reflektieren (Treier, 2019, S. 245).

Pygmalion-Effekt Unter dem Pygmalion-Effekt lassen sich die Auswirkungen der sich selbsterfüllenden Prophezeiung skizzieren. Belegt werden konnte, dass sich die Leistungserwartungen von Lehrkräften an ihre SchülerInnen sowohl auf die Bewertung der LehrerInnen als auch die messbare Leistung der SchülerInnen auswirkt. Dabei wird das Verhalten der Lernenden indirekt über das positive emotionale Klima beeinflusst. Übertragen lässt sich der Effekt in den Führungsbereich, in dem sich die „Voreinstellung" einer Führungskraft auf die Mitarbeitenden und deren Verhalten überträgt (Weibler, 2016, S. 671). Damit tragen Personen, die ein bestimmtes Ergebnis oder Verhalten erwarten maßgeblich zu dessen Eintreten bei. Dies kann bewusst, aber auch unbewusst geschehen. Gleichzeitig wirken Selbstzweifel oder Resignation dem Eintreten einer selbsterfüllenden Prophezeiung entgegen bzw. entwickeln den Effekt einer selbstzerstörenden Prophezeiung (Glaser, 2019, S. 82). Mit Bezug

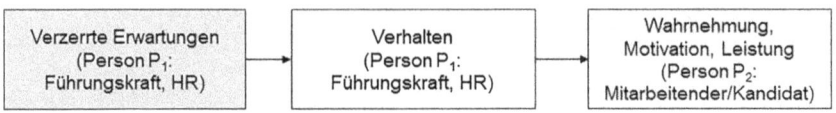

Abb. 3.4 Entstehungsprozess selbsterfüllender Prophezeiungen. (Quelle: Eigene Darstellung, in Anlehnung an: Lorenz, 2018, S. 27)

zur Personalauswahl können ebenfalls Vorinformationen diesen Erwartungseffekt auslösen, die eine „hypothesengefilterten Wahrnehmung und Informationsbewertung" nach sich ziehen (Höft & Kersting, 2018, S. 56). Der Pygmalion-Effekt kann als selbsterfüllende Prophezeiung auf der Basis von verzerrten Erwartungen beschrieben werden (vgl. Abb. 3.4). Erweitert werden kann das Modell um Rückkopplungsprozesse zwischen den einzelnen Schritten (Lorenz, 2018, S. 27).

Glaser weist darauf hin, dass sich selbsterfüllende Prophezeiungen als immun gegenüber Kritik und Einwänden erweisen, keinerlei Fehlertoleranz dulden und den Anspruch erheben, der Realität zu entsprechen und sich zu bewahrheiten (2019, S. 83). Damit besteht ein Ansatzpunkt zum Debiasing in der Bewusstwerdung und bewussten Reflexion, sich ändernder Einflussfaktoren (2019, S. 84). Bezogen auf die Personalauswahl können auch hier Vorinformationen die Wahrnehmung der Kompetenz eines/r KandidatIn beeinflussen, insbesondere bei negativen Informationen. Als Folge davon, fällt die Bewertung des/der KandidatIn schlechter aus als die von MitbewerberInnen und strahlt auf weitere Bewertungskriterien aus. Gleichzeitig besteht die Annahme, dass positive Vorinformationen keinen oder einen geringeren Einfluss ausüben. Wennglich sich ein Pygmalion-Effekt nicht verhindern lässt, können dessen Auswirkungen beschränkt werden. Freimuth und Haritz verweisen diesbezüglich auf eine reflektierte Wahrnehmung und Relativierung der eigenen Perspektive, beispielsweise durch vielfältige Beurteilungskriterien und Beurteiler. Ebenso tragen systematische Vorgehensweisen wie Anforderungsprofile dazu bei, Entscheidungen möglichst objektiv zu gestalten (Freimuth & Haritz, 2009, S. 312). Auch die Falsifikation und damit ein bewusstes Sammeln von Informationen, um die eigene Sichtweise infrage zu stellen, kann zu einer differenzierteren Entscheidungsfindung beitragen (Freimuth & Haritz, 2009, S. 313). Der Effekt reduziert sich, wenn sich Personen gut kennen und sich bereits ein eigenes Urteil bilden konnten (Moskaliuk, 2016, S. 11). Im Umkehrschluss lässt sich daraus jedoch auch nochmals die Fehleranfälligkeit von Personalauswahlentscheidungen ableiten, bei der sich Individuen meist erstmalig begegnen und für die es daher ein besonderes Bewusstsein zu entwickeln gilt (in Anlehnung an: Moskaliuk, 2016, S. 11).

Anker-Effekt Anker-Effekte gelten als im Alltag weit verbreitetes Phänomen. Dabei legen Personen für einen unbekannten Parameter bestimmte Werte zugrunde, ohne sich zuvor Gedanken über die Einschätzung des Parameters gemacht zu haben. Die Schätzwerte bleiben dabei nahe einem im Vorfeld angebotenen Wert (Kahnemann, 2012, S. 152; Betsch et al., 2011, S. 39; Bröder & Hilbig, 2017, S. 635). Von Nitzsch verweist auf ähnliche Tendenzen bei der Verwertung von Informationen, bei der sich Menschen zunächst an einem Ursprungs- oder Richtwert orientieren und analytische Anpassungsprozesse zum wahren Wert hin empirischen Studien zu folge in der Regel zu gering erfolgen (2018, S. 57). Kahnemann beschreibt Anker-Effekte als besonders starke Effekte (2012, S. 157), ebenso dass Anker nicht auf Informationsgehalt beruhen müssen und rein zufällig gewählt werden können (ebenda, S. 159). Dabei hängt die Stärke des Ankers von dessen Plausibilität ab. Gleichzeitig werden Anker in der Praxis meist nicht bewusst gesetzt. Vielmehr ist davon auszugehen, dass Entscheider für ihre Überlegungen einen ersten Anhaltspunkt zugrunde legen. Erste Informationen fungieren dabei als Anker und verzerren das Urteil in dessen Richtung (von Nitzsch, 2018, S. 57). So kann im Rekruiting ein/e BewerberIn durch einen ausgezeichneten Lebenslauf positiv auffallen. Im Endergebnis werden auch seine Leistungen in nachfolgenden Auswahlprozess-Stufen besser bewertet als dies ohne Vorprägung der Fall wäre (Heufers & Voß, 2019, S. 219).

Wie bereits dargelegt orientieren sich Menschen bei der Informationsverwertung an ersten Ausgangs- oder Richtwerten (Anker), wodurch das Urteil in Richtung des Ankers verzerrt wird (von Nitzsch, 2018, S. 57; Kahnemann, 2012, S. 152). Um Ankereffekten entgegenzuwirken empfiehlt es sich, die Aufmerksamkeit zu fokussieren, das Gedächtnis nach Argumenten gegen Anker zu überprüfen und so bewusstes Denken zu fördern. Auch hilft das „Denken des Gegenteils" die gedankliche Verzerrung in Richtung von Ankern aufzuheben. Im Ergebnis können Ankereffekte so reduziert oder sogar gänzlich beseitigt werden (Kahnemann, 2012, S. 161). Da der erste Eindruck immer ungenau ist, sollten Personalverantwortliche diese Auswirkungen vermeiden und sich auf Kernkompetenzen fokussieren (Lingxia et al., 2018, S. 288). Im Hinblick auf Rekruitingprozesse empfiehlt es sich daher, Empfehlungen von KandidatInnen oder weitere Vorabinformationen bewusst kritisch zu betrachten und durch zusätzliche Methoden, wie beispielsweise strukturierte Interviews in Kombination mit diagnostischen Verfahren zu bestätigen (in Anlehnung an: Kanning, 2019, S. 326; Lingxia et al., 2018, S. 288). Wichtig ist ebenfalls, dass auch nach ersten guten Antworten weitere Kriterien und Indikatoren für die Besetzung einer Position möglichst unabhängig voneinander evaluiert werden. Gleichzeitig wirkt der Effekt in beide Richtungen: So beeinflusst der erste Eindruck von den Auswählenden ebenfalls die KandidatInnen. Ebenso lässt sich der

Anker-Effekt im Onboarding neuer Mitarbeitender zielgerichtet positiv einsetzen (Lingxia et al., 2018, S. 288).

Bestätigungsfehler Basierend auf Vorannahmen oder -informationen wird die Wahrnehmung weiterer Informationen verzerrt. Dabei werden Informationen und Aspekte, die die Vorannahme bestätigen stärker wahrgenommen. Alles Widersprüchliche wird abgeschwächt oder gänzlich ignoriert. Es werden lediglich passende Argumente wahrgenommen oder gesucht, die zu einer Bestätigung der Vorannahme führen (Glaser, 2019, S. 62 f.; Betsch et al., 2011, S. 120; Kahnemann, 2012, S. 108). Bestätigungsfehler sind nach Glaser weit verbreitet, vor allem da sie Personen Sicherheit und Kontrollierbarkeit signalisieren (Glaser, 2019, S. 62 f.). Zum Tragen kommen Bestätigungsfehler nach Betsch et al. bei Routineentscheidungen, bei denen die Komplexität der Informationssuche reduziert und die Informationsverarbeitung oberflächlicher gestaltet wird, um kognitive Ressourcen möglichst effektiv einzusetzen. Damit erfolgt eine Fokussierung – wenngleich einseitige Konzentration – auf die wichtigsten Aspekte von Optionen, die zu einer primär konfirmatorischen Wahrnehmung zusätzlicher Informationen führt (Betsch et al., 2011, S. 120). Im Rahmen von Bestätigungsfehlern werden lediglich zur Vorannahme passende Informationen und Aspekte verarbeitet (Glaser, 2019, S. 62 f.; vgl. Abb. 3.5). Insgesamt geht es im Rahmen eines Debiasings darum, ausgeblendete und ignorierte oder transformierte Informationen und Fakten zugänglich zu machen und in Entscheidungen miteinzubeziehen (vgl. Abb. 3.5).

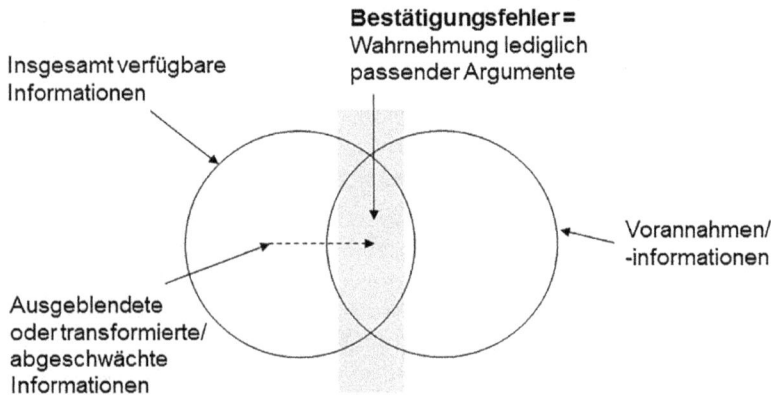

Abb. 3.5 Bestätigungsfehler als Schnittmenge zwischen Vorinformationen/-annahmen. (Quelle: Eigene Darstellung, in Anlehnung an Glaser, 2019, S. 62 f.)

Nach Glaser ist es wichtig, Bestätigungsfehler als kognitive Verzerrungen zu vermeiden und sich Objektivität aufzuerlegen. Dies kann durch kritisches Feedback erfolgen, ebenso dadurch, dass gegensätzliche Meinungen Ernst genommen und kritisch geprüft werden. Damit verbunden ist eine offene und ehrliche Feedback-Kultur im Unternehmen, bei der bei wichtigen Entscheidungen ganz bewusst die Rückmeldung mehrerer Personen eingeholt wird, kritische Auffassungen gewertschätzt werden und auf die Bestätigungen ursprünglicher Überzeugungen bewusst verzichtet wird (2019, S. 64). Von Nitzsch empfiehlt zusätzlich die Beantwortung der Frage, ob es Alternativvorschläge gibt und diese mit einer entsprechenden Ernsthaftigkeit geprüft wurden (2019, S. 302). Gleichzeitig tritt der Effekt insbesondere bei stark routinierten Personen mit hoher Wiederholungshäufigkeit auf. Werden der Entscheidungssituation hingegen neuartige Aspekte hinzugefügt, lässt sich der Effekt unterbrechen (Betsch et al., 2011, S. 121). Chamberlain rät, sich immer wieder möglichst objektiv an den Kriterien und Anforderungen der ausgeschriebenen Stelle zu orientieren und Fragen zu vermeiden, die den/die KandidatIn dazu veranlassen, in einer erwarteten und bestätigenden Weise zu antworten (2016, S. 200).

Verzerrungsblindheit Darunter ist eine grundsätzliche Blindheit für die eigenen kognitiven Verzerrungen zu verstehen. Während Verzerrungen und Entscheidungsfehler bei anderen zu beobachten sind, ist das Erkennen bei der eigenen Person weniger wahrscheinlich. Geprägt wird die Verzerrungsblindheit dabei eher durch „naiven Realismus" als durch Egozentrik – und damit der Tendenz, selbst an eine objektive Wahrnehmung zu glauben. Gleichzeitig gehen betroffene Personen davon aus, dass andere, die nicht mit der eigenen Realität übereinstimmen irrational oder auf der Basis fehlender Informationen entscheiden (Scopelliti et al., 2015, S. 2468 f.). Auch wenn genau dieselben Entscheidungsfehler und Verzerrungen bei anderen diagnostiziert werden, bleiben sie in Bezug auf die eigene Person unerkannt. Als Folge davon glauben Menschen, dass ihre Urteile weniger verzerrt sind als die von anderen Personen. Dabei stellt sich Verzerrungsblindheit unabhängig von Intelligenz, Selbstwert/-erhöhung und Selbstpräsentation dar (ebenda, 2468). Gleichzeitig neigen Personen mit den schlechtesten Entscheidungskompetenzen zu einem geringeren Bewusstsein ihrer Verzerrungen und Entscheidungsfehler (ebenda, S. 2469). Die Neigung zu Verzerrungsblindheit kann mithilfe valider Testverfahren gemessen werden. Scopelliti et al. entwickelten hierfür eine Skala, die 14 Items umfasst (2015, S. 2471), die zugleich verschiedene Verzerrungen und Urteilsfehler miteinbezieht (ebenda, S. 2472). Die Studie des Autorenteams belegt zudem, dass Verzerrungsblindheit nicht mit dem Alter und Geschlecht korreliert. Belegen lässt sich jedoch ein signifikanter Zusammenhang zwischen einer sinkenden Verzerrungsblindheit bei zunehmendem Bildungsniveau (ebenda, S. 2478). Personen mit einer hohen Neigung zu Verzerrungsblindheit schätzen den Rat anderer weniger, korrigieren ihre Selbsteinschätzung bzw. Urteile in der Regel weniger häufig (ebenda, S. 2479 f.) und sprechen weniger gut auf Debiasing-Trainings an (ebenda, S. 2482). Gleichzeitig bildet das Bewusstsein für die Tendenz zur Verzerrungsblindheit die Basis für eine Empfänglichkeit für Debiasing-Maßnahmen. Personen, die sich im Hinblick auf Verzerrungen und Urteilsfehler für immun halten, engagieren sich damit weniger in Maßnahmen zur Steigerung der Entscheidungsqualität, auch wenn deren Bedeutung erläutert und diese empfohlen werden (ebenda, S. 2482 f.). Ableiten lässt sich damit auch die Beratungsresistenz von Personen, die der Auffassung sind, selbst keine Entscheidungsfehler zu begehen und Urteilsfehlern sowie Verzerrungen nicht zu unterliegen.

Dunning-Kruger-Effekt Der Dunning-Kruger-Effekt beinhaltet die Beobachtung, dass inkompetente Personen sich ihrer eigenen Inkompetenz oftmals nicht bewusst sind. Dabei korreliert die Zahl der Entscheidungsfehler positiv mit der Überschätzung der eigenen Kompetenz. Gleichzeitig erzielen insbesondere die Personen eine gute Leistung, die sich selbst unterschätzen (Pennycook et al., 2017, S. 1774; Baumgartner, 2017, S. 246; Glaser, 2019, S. 35 f.). Der Effekt tritt insbesondere bei leistungsschwächeren Personen auf: So überschätzen sich Zugehörige des untersten Quartils am meisten (Hofer et al., 2022, S. 1). Weiterhin gibt es Evidenz dafür, dass diejenigen, die vom Dunning-Kruger-Effekt am meisten betroffen sind, diesen am wenigsten realisieren (Pennycook et al., 2017, S. 1783). Während das Alter keinen Einfluss auf die eigene Selbstüberschätzung zu nehmen scheint, neigen Männer im Vergleich zu Frauen stärker dazu (Benesch et al., 2021). Duffy weist darauf hin, dass meist ein stark linearer Zusammenhang zwischen Selbstsicherheit und Unrechthaben vorliegt (2009, S. 205). Kanning (2021) argumentiert mit Blick auf die Personalauswahl, dass Personen über ein grundlegendes Wissen innerhalb eines bestimmten Fachbereichs verfügen müssen, um dessen Komplexität einschätzen und sich der Grenzen ihrer individuellen Expertise überhaupt bewusst werden zu können. Denn je weniger Wissen EntscheidungsträgerInnen haben, desto mehr werden die eigenen Kompetenzen überschätzt und Fehlentscheidungen selbstbewusst getroffen. Studien belegen, dass Entscheidungen der Personalauswahl sowie die Gestaltung von Personalauswahlprozessen häufig von Personen getroffen werden, die über keinerlei diagnostisches Wissen verfügen. Dies bedeutet auch, dass die Aussagekraft von Auswahlmethoden in der Regel falsch eingeschätzt wird: So sind Intelligenztests trotz ihrer Prognosefähigkeit in Deutschland als Auswahlverfahren nicht weit verbreitet. Ein ähnliches Bild zeigt sich bei „hochstrukturierten Einstellungsinterviews", obwohl diese ebenfalls eine höhere Objektivität und Prognosefähigkeit beruflicher Leistung bieten als Interviews mit einem niedrigeren

Strukturierungsgrad. Dennoch liegt der Fokus bei der Personalgewinnung meist auf wenig(er) strukturierten Methoden (Kanning, 2021; Kanning, 2019, S. 319). Um einem Dunning-Kruger-Effekt entgegenzuwirken ist es daher erforderlich, entweder selbst über eine fachliche Grundlage zu verfügen oder Mitarbeitende bzw. KollegInnen zu haben, die ein entsprechendes Fachwissen aufweisen (Kanning, 2021). Dennoch bedarf es auch für die Bewusstwerdung der eigenen Limitierungen innerhalb eines Fachgebiets der entsprechenden grundlegenden Kompetenzen (Kanning, 2021).

Negativitätsdominanz Der Negativitäts-Bias beschreibt eine Verzerrungstendenz, nach der Negatives mehr ins Gewicht fällt als Positives. Damit haben negative Informationen einen stärkeren Einfluss auf Aufmerksamkeit, Wahrnehmung, Gedächtnis, Emotionen, Motivation, Verhalten und Entscheidungen. Dabei entspricht das Gewicht negativer Informationen dem extrem positiver und erregender Sachverhalte. Zurückzuführen ist dies darauf, dass Negatives stärkere Auswirkungen auf das Überleben haben kann als Positives (Norris, 2021, S. 68 und 72). Das Denkmuster ist nach Kahnemann evolutionär bedingt und gleichzeitig bis heute in moderner Form präsent. Weiterhin führt die negative Verstärkung zu schnellerem Lernen, was in risikoreichen Situationen von Vorteil ist. Zu beachten gilt es jedoch, dass bereits wenige negative Informationen ausreichen, um eine negative Gesamtbewertung hervorzurufen (Glaser, 2019, S. 134 f.; Norris, 2021, S. 70). Damit besteht neben der Überlebenssicherung aber auch die Chance, dass durchaus vertretbare und für den Erfolg relevante Risiken, beispielsweise in Verbindung mit unternehmerischen Potenzialen (vgl. hierzu auch Meyer, 2019) nicht eingegangen werden

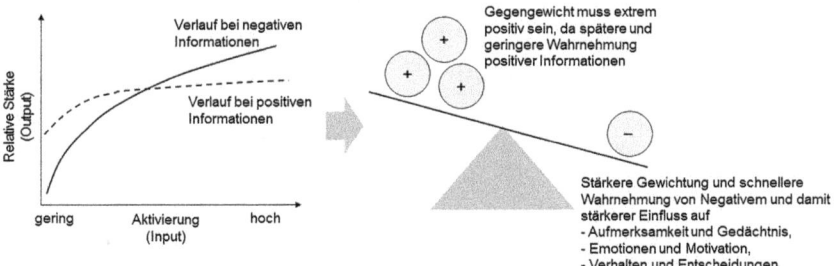

Abb. 3.6 Ungleichgewicht der Aktivierung und wahrgenommenen Stärke positiver und negativer Informationen. (Quelle: Eigene Darstellung, unter Einbezug von Norris, 2021, S. 70; Glaser, 2019, S. 134 f.)

(Glaser, 2019, S. 135). Negative Emotionen werden schneller und stärker wahrgenommen als positive (Norris, 2021, S. 70). Damit lässt sich der Effekt wie folgt visualisieren (vgl. Abb. 3.6).

Nach Glaser gilt es, eine Balance zwischen negativen und positiven Informationen Erfahrungen herzustellen. Hierfür ist es erforderlich, aus „guten Fakten" positive Erfahrungen zu generieren. Weiterhin gilt es, diese Erfahrungen auszukosten, entsprechend zu verankern und auch das Positive bewusst wahrzunehmen (2019, S. 136). Ableiten lässt sich damit auch die Relevanz von Negativem in Personalauswahlprozessen: Auch hier führen negative Informationen im Vergleich zu Positivem zu einer schnelleren Aktivierung bei gleichzeitig stärkerer Wahrnehmung (in Anlehnung an: Norris, 2021, S. 70).

Handlungsempfehlungen für Unternehmen zum Umgang mit Entscheidungsfehlern bei der Personalauswahl

Wenngleich die Wissenschaft davon ausgeht, dass Personalauswahlentscheidungen nie vollständig frei von Beurteilungsfehlern sein werden, gilt es, mögliche Effekte immer wieder zu reflektieren und damit die Qualität von Personalentscheidungen zu steigern (Ruhdorfer-Ritt, 2013, S. 193, vgl. Abb. 4.1). Chamberlain weist ergänzend darauf hin, dass Entscheidungsfehler und Verzerrungen im Rekruiting sowohl bei KandidatInnen als auch auf Unternehmensseite auftreten können. Auch wenn dies unvermeidlich ist, sollten sich beide Seiten ihrer Denkweisen und Urteile bewusst werden (2016, S. 200). Maßnahmen im Rahmen eines Debiasings können dabei helfen, negativen Auswirkungen entgegenzuwirken (Mecit, 2021, S. 81). Ersichtlich wird weiterhin, dass in vielen Unternehmen im Rahmen einer Personalauswahl typische Fehler begangen werden, die Ansatzpunkte für Entscheidungsfehler bieten und deren vollständige Entfaltung ermöglichen (vgl. Abb. 4.1).

So wurde in sämtlichen dargestellten Fällen der Praxis die Entscheidung für internes/externes Personal intuitiv und ohne den Abgleich mit einer konkreten Anforderungsanalyse getroffen. Des Weiteren wurden für die Entscheidung keinerlei Alternativen kritisch geprüft. Die Auswahl erfolgte mittels unstrukturierter Gespräche – ebenso wurde auf weitere (stellenbezogene) Diagnostik verzichtet. Auch wurde von einzelnen Merkmalen und einem positiven ersten Eindruck der Kandidaten auf weitere Fähigkeiten geschlossen, die sich in der Praxis als nicht existent herauskristallisieren (vgl. Halo-/Primacy-Effekt). Festhalten lässt sich zudem, dass die jeweiligen Kandidaten von Personen ausgewählt wurden, die selbst über keinerlei diagnostische oder evidenzbasierte Kenntnisse und Erfahrung verfügen – und ihre fehlenden Kompetenzen auch nicht reflektieren (vgl. Dunning-Kruger-Effekt). Ganz im Gegenteil, kritisches Feedback anderer Personen wird negiert und abgelehnt (vgl. Bestätigungsfehler). Auffallend ist in

K. Meyer, *Entscheidungsfehler bei der Personalauswahl vermeiden*, essentials, https://doi.org/10.1007/978-3-662-67836-7_4

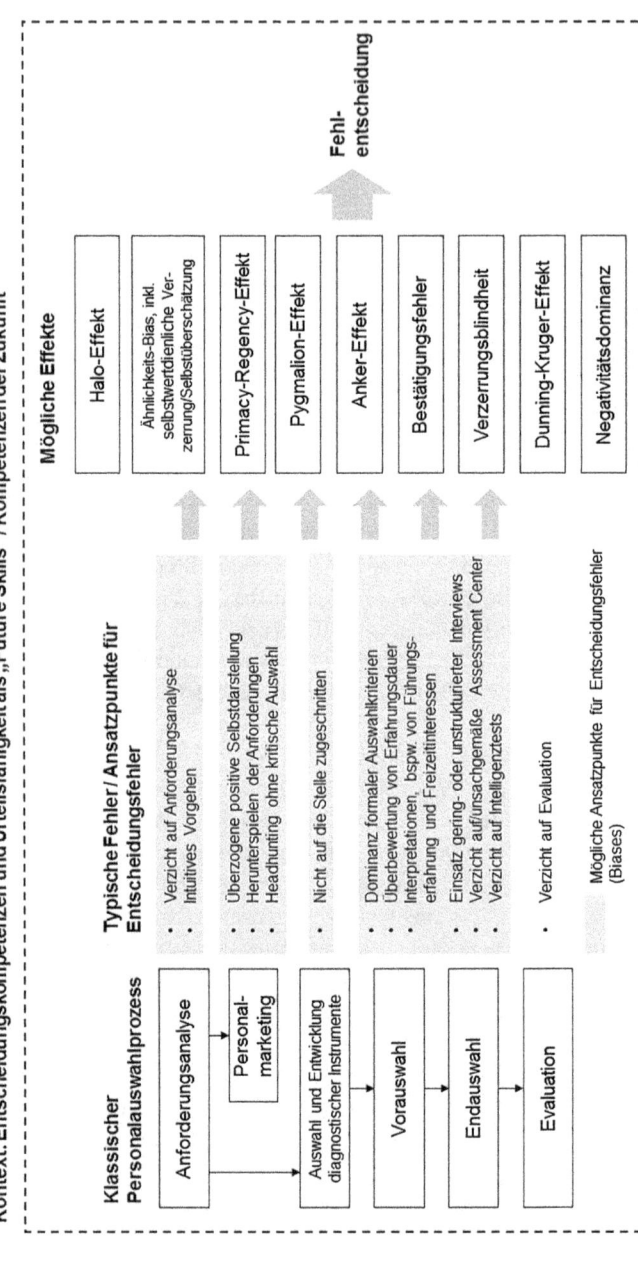

Abb. 4.1 Integration typischer Urteils- und Entscheidungsfehler in den Personalauswahlprozess (Quelle: Eigene Darstellung unter Einbezug von Kanning, 2019, S. 326; Ehlers, 2020; Suessenbach et al., 2021)

diesem Zusammenhang auch, eine meist vorhandene Überheblichkeit und damit Selbstüberschätzung der eigenen Fähigkeiten.

Unterstützt werden kann die Qualität von Personalauswahlprozessen durch die DIN 33430 („Anforderungen an Verfahren und deren Einsatz bei berufsbezogenen Eignungsbeurteilungen"). Objektivität bedeutet dabei, dass verschiedene BeurteilerInnen im Hinblick auf den/die jeweilige/n KandidatIn zu demselben Ergebnis gelangen. Im Rahmen der Validität wird geprüft, ob die Vorgehensweisen zur Personalbewertung mit der späteren Berufsbewährung in Verbindung stehen und sich diese für eine Beurteilung der KandidatInnen im Hinblick auf die zu besetzende Position eignen. Unter Reliabilitätsaspekten sollen bei einer wiederholten Bewertung der Person gleiche Ergebnisse erzielt werden. Zudem sind Selbst- und Fremdbeurteilungen für eine verlässliche Kompetenzbewertung unabdingbar, wobei Selbsteinschätzungen meist anhand validierter Tests vorgenommen werden. Auch sollen Auswahlprozesse ökonomisch, von KandidatInnen akzeptiert und mit vertretbarem Aufwand umsetzbar sein (Praktikabilität) (Ruhdorfer-Ritt, 2013, S. 191).

Etliche der für die Personalauswahl relevanten Effekte basieren auf einem ersten Eindruck, der daher zu einem späteren Zeitpunkt nochmals zu hinterfragen ist (Chamberlain, 2016, S. 200). Selbstreflexion hilft, diese frühzeitig zu erkennen und hinterfragen zu können (ebenda, S. 202). Weiterhin lässt sich eine mögliche Wirkkette der im Rahmen dieser Analyse dargestellten Effekte bei Personalauswahlentscheidungen abbilden: So wählen EntscheiderInnen in Deutschland meist KandidatInnen aus, die über eine hohe Passung verfügen (Supplementary-Fit). Gegenteiliges und Fremdartiges wird häufig als Bedrohung interpretiert und kann damit die Basis für einen Ähnlichkeits-Bias bilden (in Anlehnung an: Franken, 2015, S. 58; Kristof, 1996, S. 3 ff. zitiert nach Boon, 2017), da Unvereinbarkeit meist aversiv erlebt wird (Solga, 2019, S. 136). Damit können unpassende oder weniger ähnliche KandidatInnen schnell negativ auffallen, sich deren Merkmale in der Wahrnehmung negativ auswirken und Positives dominieren (Negativitätsdominanz). Im Rahmen eines weniger positiven ersten Eindrucks (Primacy-Effekt) können sich Anker ausbilden, welche die nachfolgende Bewertung der KandidatInnen beeinflussen und auf deren Basis möglicherweise auf andere Merkmale geschlossen wird (Halo-Effekt), sich Erwartungen ergeben, die sich im Rahmen einer selbsterfüllenden Prophezeiung auf das Verhalten der EntscheiderInnen auswirken (Pygmalion-Effekt) oder Annahmen, die eine Bestätigung oder ein Ignorieren gegenteiliger Informationen verlangen (Bestätigungsfehler). Hinzu kommt oftmals ergänzend, dass Personalentscheidungen

Tab. 4.1 Mögliche Ansätze und Methoden für das Debiasing im Überblick

Entscheidungsfehler	Mögliche Ansatzpunkte für das Debiasing
Halo-Effekt	• Formulieren von Auswahlkriterien für die Personalauswahl unter Einbezug verschiedener, relevanter Aspekte • Wissenserwerb durch Rückmeldungen oder Selbsterklärung durch die KandidatInnen • Dekorrelation von Fehlern durch mehrere EntscheiderInnen, ggfs. Outsourcing • Personalauswahl über mehrere Auswahlstufen hinweg • „Halo-Check"-Frage: Wurde bei der Person vom Erfolg eines Gebiets auf weiteren Erfolg geschlossen?
Ähnlichkeitsbias (inkl. Selbstwert-dienliche Verzerrung/ Selbstüberschätzung)	• Reflexion der Erwartungen an die KandidatInnen (realistisch vs. überzogen optimistisch) • Prospective-Hindsight-Methode • Heterogenes Personalauswahl-Team • Reflexion des Ähnlichkeitsgefühls • Überprüfung auffallender Einigkeit der EntscheiderInnen bei Personalauswahlentscheidungen
Pygmalion-Effekt	• Reflektierte Wahrnehmung der eigenen Perspektive/ Relativierung der eigenen Perspektive durch mehrere EntscheiderInnen und Bewertungskriterien • Systematische Orientierung an Anforderungsprofilen • Bewusstes Sammeln von Informationen auch für eine Falsifikation • Intensiveres Kennenlernen
Anker-Effekt	• Aufmerksames Überprüfen des Gedächtnisses auf Anker • Bewusstes Denken des Gegenteils • Kritische Wahrnehmung und Bewertung von Vorab-Informationen • Strukturierte Interviews in Kombination mit diagnostischen Verfahren
Bestätigungsfehler	• Kritisches Feedback mehrerer Personen • Offene und ehrliche Feedback-Kultur im Unternehmen • Systematisches und ernsthaftes Bewerten von Alternativvorschlägen • Objektive Orientierung an den Anforderungen der ausgeschriebenen Stelle
Verzerrungsblindheit	• Testverfahren zur Messung der Neigung zur Verzerrungsblindheit

(Fortsetzung)

Tab. 4.1 (Fortsetzung)

Entscheidungsfehler	Mögliche Ansatzpunkte für das Debiasing
Dunning-Kruger-Effekt	• Diagnostisches Wissen • Hoher Strukturierungsgrad bei Einstellungsinterviews • Fachliche Grundlage im jeweiligen Fachbereich
Negativitätsdominanz	• Balance zwischen positiven und negativen Informationen • Bewusste Wahrnehmung und Verankerung von Positivem

Quelle: Eigene Darstellung

von Personen getroffen werden, die nicht über eine grundlegende Qualifikation im Fachbereich verfügen (Dunning-Kruger-Effekt) und/oder Fehler und Verzerrungen lediglich an anderen Personen feststellen (Verzerrungsblindheit).

Mögliche Ansätze und Methoden für ein Debiasing zu den einzelnen Effekten können sowohl dem Abschn. 3.3 als auch dem nachfolgenden Überblick entnommen werden (Tab. 4.1).

Des Weiteren kann im Rahmen von Trainings eine Sensibilisierung für die Fehleranfälligkeit von Personalauswahlen und die eigenen Dispositionen erreicht werden (Treier, 2019, S. 244 ff.; Duffy, 2009, S. 213). Gleichzeitig weist Treier darauf hin, dass Coaching, Mentoring und Supervision zu einer Steigerung der individuellen arbeitsbezogenen Selbstreflexion beitragen können (2019, S. 244).

Schlussfolgerung für die Praxis

5

Verzerrungen sind fester Bestandteil des Denkens und es gestaltet sich als schwierig, diesen nicht zu unterliegen (Duffy, 2009, S. 213). „Es ist jedoch möglich, zu lernen, wann unsere anfänglichen Wahrnehmungen wahrscheinlich verzerrt sein werden. Wir können langsamer vorgehen und darüber nachdenken, ob wir in die Irre geführt werden" (ebenda, S. 213). Dabei hilft beispielsweise eine Liste möglicher (individueller) Fehlerquellen bei der Erkennung und Wahrnehmung vorliegender Fehlerquellen (ebenda, S. 214). Nach von Nitzsch lassen sich aus möglichen Entscheidungsfehlern und Verzerrungen weitere Anwendungsfelder ableiten: Hierzu zählt neben der Verbesserung der Entscheidungsqualität auch die Beeinflussung anderer zum eigenen Nutzen, zu deren Nutzen oder zum Nutzen der Gesellschaft – ebenso die Selbststeuerung des eigenen Verhaltens (2019, S. 300 f.). Mit Blick auf Personalauswahlprozesse ist es nach Ruhdorfer-Ritt für Unternehmen, die in regelmäßigen Abständen Personal einstellen, sinnvoll, systematische Personalauswahlverfahren zu entwickeln und zu optimieren. Für kleinere Unternehmen mit geringerem Personalbedarf wird ein strukturiertes Interview als ausreichend angesehen (Ruhdorfer-Ritt, 2013, S. 193). Kanning weist darauf hin, dass sich gerade für die Personalauswahl wissenschaftlich gut gesicherte Handlungsempfehlungen heranziehen lassen – dennoch werden die Erkenntnisstände der Wissenschaft in der Praxis bislang nicht oder nur unzureichend genutzt (2019, S. 307). Und unsystematische sowie flexibel wechselnde Vorgehensweisen führen in letzter Konsequenz zu fehlerbehafteten Entscheidungen und zur Ableitung fehlerhafter Gesamturteile (Höft & Kersting, 2018, S. 58).

Wie bereits dargelegt, können bei der Personalauswahl sehr viele unterschiedliche Effekte zum Tragen kommen. Dabei besteht in der Literatur aufgrund der Vielfalt möglicher Entscheidungsfehler und Verzerrungen kein einheitliches

K. Meyer, *Entscheidungsfehler bei der Personalauswahl vermeiden*, essentials, https://doi.org/10.1007/978-3-662-67836-7_5

Verständnis über die auf Personalauswahlprozesse einwirkenden Effekte. Im Rahmen dieses *essentials* wurden einige, wesentliche Biases beleuchtet. Ebenso wurden mögliche Maßnahmen für ein Debiasing und damit ein Vermeiden negativer Auswirkungen vorgestellt – wenngleich die präsentierte Auswahl keinen Anspruch auf Vollständigkeit erhebt und diese ebenfalls von subjektiven Verzerrungen der Verfasserin geprägt sein können. Da die Basis für die Analyse auf einer Rückschau beruht, können zudem weitere Effekte wie ein Rückschaufehler die Ergebnisse beeinflussen (in Anlehnung an: Kahnemann, 2012, S. 247; Betsch et al., 2011, S. 40). Eine Überprüfung der in vorliegenden Fällen als aufgetreten eingeschätzten Fehlerquellen wurde zudem nicht durch weitere BewerterInnen überprüft, sodass die Analyse auch diesbezüglich Limitierungen unterliegt (in Anlehnung an: Treier, 2019, S. 245). Weiterhin ist nicht ausgeschlossen, dass sich zusätzliche Effekte der Retrospektive der Beobachtung als Forschungsmethodik entziehen. Wenngleich in den Fallbeispielen nicht beobachtbar, könnte es ergänzende Anknüpfungspunkte beispielsweise zum Sunk-Cost-Effekt nach bereits investierter Zeit, Geld und Energie (Arkes & Blumer, 1985, S. 124; Thaler, 1980, S. 47 zitiert nach Robbert, 2013, S. 12) oder einem Escalation of Commitment geben (in Anlehnung an: Moser et al., 2000, S. 439). In beiden Fällen wird an getroffenen Entscheidungen festgehalten, obwohl sich bereits negative Auswirkungen abzeichnen.

Als aufwendig stellte sich zudem die Literaturrecherche im Hinblick auf Entscheidungs- und Urteilsfehler mit Bezug zur Personalauswahl heraus, da in Lehrbüchern meist unterschiedliche Effekte benannt werden und eine Übersicht über wesentliche Effekte wie beispielsweise im Projekt-Management (Flyvbjerg, 2021) nicht recherchiert werden konnte. Dennoch erscheint es möglich, ein erstes grundlegendes Verständnis für mögliche Entscheidungs- und Urteilsfehler im Überblick zu schaffen und für deren Auswirkungen im Rahmen von Personalentscheidungen zu sensibilisieren. Gleichzeitig wird die Themenkomplexität und Vielzahl der wirkenden Effekte transparent.

Entscheidungskompetenz und Urteilsfähigkeit werden als „Future Skills" gewertet und damit den für die Zukunft relevanten Kompetenzen in einer sich verändernden (Arbeits-)Welt zugerechnet (Ehlers, 2020; Suessenbach et al., 2021). Diese setzen die Fähigkeit voraus, Entscheidungsgrundlagen kritisch zu reflektieren, zu überdenken und rechtfertigen zu können (Ehlers, 2020, S. 74) – ebenso Erkenntnisse wissenschaftlich sowie unter Einbezug der Qualitätsunterschiede von Informationen und deren -quellen zu bewerten (Suessenbach et al., 2021, S. 6 und 7). Ehlers verweist zudem darauf, dass es zunehmend von Bedeutung ist, Verantwortung für getroffene Entscheidungen zu übernehmen und damit Rede und Antwort zu stehen (2020, S. 7). Ableiten lässt sich hieraus die Relevanz, in der Praxis gut gesicherte wissenschaftliche Erkenntnisse einzubeziehen (in Anlehnung an: Kanning, 2019, S. 307) und fehlerbehaftete Entscheidungen sowie Gesamturteile bestmöglich zu vermeiden (in Anlehnung an: Höft & Kersting, 2018, S. 58).

Was Sie aus diesem *essential* mitnehmen können

- Sie haben einen Überblick über wesentliche Entscheidungsfehler der Personalauswahl
- Sie entwickeln ein Bewusstsein für Entscheidungs- und Urteilsfehler bei Personalentscheidungen
- Sie verstehen die Zusammenhänge und Relevanz für die betriebs- und volkswirtschaftliche Praxis
- Sie reflektieren bestehende Prozesse der Personalauswahl
- Sie verbessern und erweitern die Basis von Personalentscheidungen und reflektieren eigene Urteils- und Entscheidungspräferenzen

© Der/die Herausgeber bzw. der/die Autor(en), exklusiv lizenziert an
Springer-Verlag GmbH, DE, ein Teil von Springer Nature 2023
K. Meyer, *Entscheidungsfehler bei der Personalauswahl vermeiden*, essentials,
https://doi.org/10.1007/978-3-662-67836-7

Literatur

Acciarini, C., Brunetta, F., & Boccardelli, P. (2021). Cognitive biases and decisionmaking strategies in times of change: A systematic literature review. *Management Decision, 59*(3), 638–652.

Baumgartner, M. (2017). Denn sie wissen nicht, was sie können …! – die Qualität der Performanzen von angehenden Sportlehrkräften als Verzerrer der Selbstbeurteilung. *German Journal of Exercise and Sport Research, 47,* 246–254. https://doi.org/10.1007/s12662-017-0453-4.

Benesch, V., Godde, M., Hammami, B., Laufkötter, U., Seidel, M., & Mayer, B. (2021). Überschätzen sich jüngere Personen mehr als ältere? Der Dunning-Kruger-Effekt im Altersvergleich. Working Paper, *Weidener Diskussionspapiere,* No. 82. https://www.econstor.eu/bitstream/10419/235565/1/1761624504.pdf. Zugegriffen: 30. Mai 2023.

Bernhardt, C. (2019). *Nonverbale Kommunikation im Recruiting, Wie Sie passende Bewerber erkennen und für Ihr Unternehmen gewinnen.* Springer Gabler. https://doi.org/10.1007/978-3-658-25276-2.

Betsch, T., Funke, J., & Plessner, H. (2011). *Allgemeine Psychologie für Bachelor: Denken – Urteilen – Entscheiden – Problemlösen* (2. Aufl.). Springer. https://doi.org/10.1007/978-3-642-12474-7.

Bierwirth, D., & Nagengast, B. (2005). Der falsche Mann wird teuer. https://www.faz.net/aktuell/wirtschaft/karrieresprung-der-falsche-mann-wird-teuer-1258626.html. Zugegriffen: 27. März 2023.

Boon, C. (2017). Person-Organization Fit. In D. Poff & A. Michalos (Hrsg.) *Encyclopedia of business and professional ethics.* Springer. https://doi.org/10.1007/978-3-319-23514-1_53-1.

Brenson, B. (2016). Cognitive bias cheat sheet, An organized list of cognitive biases because thinking is hard. https://betterhumans.pub/cognitive-bias-cheat-sheet-55a472476b18. Zugegriffen: 21. Mai 2023.

Bröder, A., & Hilbig, B. E. (2017). Urteilen und Entscheiden. In J. Müsseler & M. Rieger (Hrsg.), *Allgemeine Psychologie* (3. Aufl., S. 619–659). Springer.

Buchheim, C., & Weiner, M. (2014). *HR-Basics für Start-ups, Recruiting und Retention im Digitalen Zeitalter.* Springer Gabler. https://doi.org/10.1007/978-3-658-03893-9.

Capital (2021). Warum eine Kündigung sehr teuer sein kann. https://www.capital.de/karriere/eine-kuendigung-kann-sehr-teuer-sein-kann-31859. Zugegriffen: 20. Nov. 2021.

Chamberlain, R. P. (2016). Five steps toward recognizing and mitigation bias in the interview and hiring process. *Strategic HR Review, 15*(5), 199–303.

Destatis (2021). Umsatz der Unternehmensberatungsbranche in Deutschland von 2001 bis 2020. https://de.statista.com/statistik/daten/studie/7120/umfrage/umsatz-der-unternehmensberatungsbranche-in-deutschland/. Zugegriffen: 12. Nov. 2021.

Duffy, B. (2009). Die Tücken der Wahrnehmung oder warum wir fast immer falsch liegen. *Springer.* https://doi.org/10.1007/978-3-662-61676-5.

Ebner, M. et al. (2022). Seminarkatalog 2021/2022. https://www.ebner-team.com/wp-content/uploads/2020/09/Seminarkatalog_2021_2022.pdf. Zugegriffen: 27. März 2022.

Ehlers, U.-D. (2020). *Future Skills, Lernen der Zukunft – Hochschule der Zukunft.* Springer VS.

Eisenhardt, K. M. (1989). Building theories from case study research. *The Academy of Management Review, 14*(4), 532–550.

Flyvbjerg, B. (2021). Top ten behavioral biases in project management: An overview. *Project Management Journal, 52*(6), 531–546. https://doi.org/10.1177/87569728211049046.

Franken, S. (2015). *Personal: Diversity management.* Springer Gabler.

Freimuth, J., & Haritz, J. (2009). Der Pygmalion-Effekt in der Personalführung – Problemlage und Lösungsansätze. *WiSt – Wirtschaftswissenschaftliches Studium, 38*(6). https://doi.org/10.15358/0340-1650-2009-6.

Glaser, C. (2019). *Risiko im Management, 100 Fehler, Irrtümer, Verzerrungen und wie man sie vermeidet.* Springer Gabler. https://doi.org/10.1007/978-3-658-25835-1.

Haufe (2014). Diagnostische Desaster und ihre Folgen. https://www.haufe.de/personal/hr-management/personalauswahl-diagnostische-disaster-und-ihre-folgen_80_267668.html. Zugegriffen: 27. März 2023.

Hecker, F. (2019). *Crashkurs Service-Exzellenz.* Springer. https://doi.org/10.1007/978-3-658-25296-0_39.

Heufers, P., & Voß, E. (2019). Tradition, Präferenz oder Anforderung – Unsconscious Biases im Recruiting vermeiden. In M. E. Domsch, D. H. Ladwig, & F. C. Weber (Hrsg.), *Vorurteile im Arbeitsleben, Unconscious Bias erkennen, vermeiden und abbauen* (S. 213–224). Springer Gabler. https://doi.org/10.1007/978-3-662-59232-8_12.

Höft, S., & Kersting, M. (2018). Fehler bei der Beobachtung und Beurteilung. In Diagnostik- und Testkuratoriuim (Hrsg.), *Personalauswahl kompetent gestalten, Grundlagen und Praxis der Eignungsdiagnostik nach DIN 33430* (S. 51–58). Springer. https://doi.org/10.1007/978-3-662-53772-5.

Hofer, G., Mraulak, V., Grinschgl, S., & Neubauer, A. C. (2022). Less-Intelligent and unaware? Accuracy and Dunning–Kruger effects for self-estimates of different aspects of intelligence. *Journal of Intelligence, 10*(10). https://doi.org/10.3390/jintelligence10010010.

Imelauer, G. (2015). *Recruitment Process Outsourcing, Chancen, Risiken und kritische Erfolgsfaktoren.* Springer Gabler.

Kahnemann, D. (2012). *Schnelles Denken, Langsames Denken.* Penguin.

Kanning, U. P. (2015). *Personalauswahl zwischen Anspruch und Wirklichkeit, Eine wirtschaftspsychologische Analyse.* Springer. https://doi.org/10.1007/978-3-662-45553-1.

Kanning, U. P (2019). *Managementfehler und Managementscheitern.* Springer. https://doi.org/10.1007/978-3-662-59386-8.

Kanning, U. P. (2020). Schmidt sucht Schmidtchen – Ähnlichkeitseffekte in der Personalauswahl. Haufe. https://www.haufe.de/personal/hr-management/kolumne-aehnlichkeit seffekte-in-der-personalauswahl_80_517512.html. Zugegriffen: 20. Mai 2023.

Kanning, U. P. (2021). Wer keine Ahnung hat, kann zufriedener Fehlentscheidungen treffen. Haufe. https://www.haufe.de/personal/hr-management/der-dunning-kruger-eff ekt-und-fehlentscheidungen_80_557690.html#:~:text=Der%20Dunning%2DKruger% 2DEffekt%20in%20der%20Personalauswahl&text=Er%20besagt%2C%20dass%20M enschen%20in,halbwegs%20zutreffend%20einsch%C3%A4tzen%20zu%20k%C3% B6nnen. Zugegriffen: 30. Mai 2023.

Kieser, A. (2005). *Wissenschaft und Beratung* (2. Aufl.). Universitätsverlag.

Klesse, H.-J. (2010). Warum so viele Beratungen kläglich scheitern. https://www.zeit.de/kar riere/beruf/2010-09/fehler-unternehmensberater?utm_referrer=https%3A%2F%2Fwww. google.com%2F. Zugegriffen: 27. März 2023.

Kuckartz, U. (2016). *Qualitative Inhaltsanalyse. Methoden, Praxis, Computerunterstützung* (3. Aufl.). Beltz Juventa.

Lingxia, L., Yanxun, W., & Shuang, W. (2018). Psychological effects: Making human resources management easier. *Advances in Social Sciences, Education and Humanities Research, 220,* 287–291.

Lorenz, G. (2018). *Selbsterfüllende Prophezeiungen in der Schule, Leistungserwartungen von Lehrkräften und Kompetenzen von Kindern mit Zuwanderungshintergrund.* Springer VS. https://doi.org/10.1007/978-3-658-19881-7.

Mecit, H. (2021). *Debiasing von Entscheidungsverhalten bei Corporate Foresight, Der Einfluss von Visualisierung und Moderation auf Informationsverarbeitung.* Springer. https://doi.org/10.1007/978-3-658-31671-6.

Meyer, K. (2019). *Persönlichkeit, Selbststeuerung und Schlüsselkompetenzen erfolgreicher Unternehmerinnen. Eine empirische Analyse mit erziehungswissenschaftlichen Implikationen.* Dissertation der Universität Jena.

Meyer, K. (2021a). *Multimodales Stressmanagement, Rüstzeug für nachhaltige Stabilität und Balance für die VUCA-Welt.* Springer. https://doi.org/10.1007/978-3-658-34827-4.

Meyer, K. (2021b). *Ausgewählte Stressmanagement-Methoden für die VUCA-Welt. Impulse und Anregungen für die Praxis.* Springer. https://doi.org/10.1007/978-3-658-35874-7.

Meyer, K. (2022). Chancen und Limitierungen des Positive Leadership-Ansatzes nach PERMA in der Lehre. Eine evidenzbasierte Analyse. *IU Discussion Paper,* Business & Management, No. 10/2022.

Meyer, K. (2023a). *Extrem-Stress Mobbing. Ansätze für Bewältigung und Prävention in agilen Organisationen.* Springer. https://doi.org/10.1007/978-3-662-66809-2.

Meyer, K. (2023b). *Antisoziales (Führungs-)Verhalten. Eine Kurzanalyse aus der Perspektive der „Dunklen Triade".* Springer. https://doi.org/10.1007/978-3-662-67207-5.

Moskaliuk, J. (2016). *Leistungsblockaden verstehen und verändern, Psychologisches Praxiswissen für Coaches und Führungskräfte.* Springer. https://doi.org/10.1007/978-3-658-13405-1_2.

Moser, K., Hahn, T., & Galais, N. (2000). Expertentum und eskalierendes Commitment, Gruppe. Interaktion. Organisation. *Zeitschrift für Angewandte Organisationspsychologie (GIO), 31,* 439–449, https://doi.org/10.1007/s11612-000-0039-7.

Myers, D. G. (2014). *Psychologie* (3. Aufl.). Springer. https://doi.org/10.1007/978-3-642-40782-6.

Norris, C. J. (2021). The negativity bias, revisited: Evidence from neuroscience measures and an individual differences approach. *Social Neuroscience, 16*(1), 68–82.

Pennycook, G., Ross, R. M., Koehler, D. J., & Fugelsang, J. A. (2017). Dunning-Kruger effects in reasoning: Theoretical implications of the failure to recognize incompetence. *Psychonomic Bulletin & Review, 24,* 1774–1784. https://doi.org/10.3758/s13423-017-1242-7.

Robbert, T. (2013). *Dienstleistungstarife und Nutzungsentscheidung, Fokus Dienstleistungsmarketing.* Springer. https://doi.org/10.1007/978-3-658-00072-1.

Rose, N. (2019). *Arbeit besser machen. Positive Psychologie für Personalareit und Führung.* Haufe.

Rose, N., & Steger, M. F. (2020). Warum gute Führung Sinn macht, Einfluss der Führungsqualität auf Wechselmotivation. *OrganisationsEntwicklung, 3,* 76–79.

Ruhdorfer-Ritt, D. (2013). *Personalauswahl.* In M. Landes & E. Steiner (Hrsg.), *Psychologie der Wirtschaft. Psychologie für die berufliche Praxis.* Springer VS. https://doi.org/10.1007/978-3-531-18957-4_8.

Schnell, R., Hill, P. B., & Esser, E. (2018). *Methoden der empirischen Sozialforschung* (11. überarb. Aufl.). de Gruyter.

Schütz, M., & Röbken, H. (2016). *Bachelor- und Masterarbeiten verfassen, Abschlussarbeiten in Organisationen.* Springer Gabler.

Scopelliti, I., Morewedge, C. M., McCormick, E., Min, H. L., Lebrecht, S., & Kassam, K. S. (2015). Bias blind spot: Structure, measurement, and consequences. *Management Science, 61*(10), 2468–2486.

Solga, M (2019). Konflikte in Organisationen. In F. W. Nerdinger, G. Blickle, & N. Schaper (Hrsg.), *Arbeits- und Organisationspsychologie* (4. Aufl., S. 135–150). Springer.

Stanovich, K. E. (2018). Miserliness in human cognition: The interaction of detection, override and mindware. *Thinking & Reasoning, 24*(4), 423–444. https://doi.org/10.1080/13546783.2018.1459314.

Stock-Homburg, R., & Groß, M. (2019). *Personalmanagement, Theorien – Konzepte – Instrumente* (4. Aufl.). Springer Gabler. https://doi.org/10.1007/978-3-658-26081-1.

Suessenbach, F., Winde, M., Klier, J., & Kirchherr, J. (2021). Future Skills 2021, 21 Kompetenzen für eine Welt im Wandel, Diskussionspapier Nr. 3 des Stifterverbands für die Deutsche Wirtschaft e. V. https://www.stifterverband.org/medien/future-skills-2021. Zugegriffen: 4. Juni 2021.

Treier, M. (2019). *Wirtschaftspsychologische Grundlagen für Personalmanagement, Fach- und Lehrbuch zur modernen Personalarbeit.* Springer.

Utami, I., Kusuma, I. W., Gudono, G., & Supriyadi, S. (2017). Debiasing the halo effect in auditdecision: Evidence from experimental study. *Asian Review of Accounting, 25*(2), 211–241. https://doi.org/10.1108/ARA-10-2015-0105.

von Nitzsch, R. (2021). *Entscheidungslehre, Wie Menschen entscheiden und wie sie entscheiden sollten* (11. Aufl.). Springer Gabler. https://doi.org/10.1007/978-3-658-34520-4.

Weibler, J. (2016). *Personalführung* (3. Aufl.). Vahlen.

Wirtz, M. A. (2022). Bias. Dorsch, Lexikon der Psychologie. https://dorsch.hogrefe.com/stichwort/bias. Zugegriffen: 20. Mai 2023.

Springer

}essentials{

Karin Meyer

Ausgewählte Stressmanagement-Methoden für die VUCA-Welt

Impulse und Anregungen für die Praxis

Springer

Jetzt bestellen:
link.springer.com/978-3-658-35874-7

Printed in the USA
CPSIA information can be obtained
at www.ICGtesting.com
LVHW011131180923
758463LV00004B/661